QUE SA

D1077665

La mondialisation

PHILIPPE MOREAU DEFARGES

Conseiller des Affaires étrangères,
Professeur à l'Institut d'Études politiques de Paris,
Chargé de mission à l'Institut français des Relations internationales

Quatrième édition mise à jour

22ᵉ mille

ISBN 2 13 052534 2

Dépôt légal — 1re édition : 1997
4e édition mise à jour : 2002, février

© Presses Universitaires de France, 1997
6, avenue Reille, 75014 Paris

INTRODUCTION

« Toute la terre habitable a été de nos jours reconnue, relevée, partagée, entre des nations ! L'ère des terrains vagues, des territoires libres, des lieux qui ne sont à personne, donc l'ère de libre expansion est close [...] *Le temps du monde fini commence.* Le recensement général des ressources, la statistique de la main-d'œuvre, le développement des organes de relation se poursuivent. Quoi de plus remarquable et de plus important que cet inventaire, cette distribution et cet enchaînement des parties du globe ? Leurs effets sont déjà immenses. Une solidarité toute nouvelle, excessive et instantanée, entre les régions et les événements est la conséquence déjà très sensible de ce grand fait [...]. Les habitudes, les ambitions, les affections contractées au cours de l'histoire antérieure ne cessent point d'exister – mais insensiblement transportées dans un milieu de structure très différente, elles y perdent leur sens et deviennent causes d'efforts infructueux et d'erreurs. »

Ce texte célèbre de Paul Valéry, extrait de l'avant-propos de *Regards sur le monde actuel,* date de 1931. C'est bien là une première tentative pour cerner la mondialisation. Mais le mot lui-même n'apparaît pas ; peut-être est-il trop tôt pour le concevoir... Paul Valéry recense déjà cinq caractéristiques majeures du phénomène.

1. **« Le recensement général des ressources ».** – La mondialisation est un enfant de la science occidentale, de son ambition prométhéenne de soumettre la planète à l'homme posé comme tout-puissant. D'où cet inventaire

de la Terre, toujours en cours, et qui ne s'achèvera peut-être jamais : ce qui, au temps de Valéry, restait mal connu ou inconnu (sous-sols, forêts tropicales, fond des océans) est méthodiquement exploré (nombre de découvertes révélant de nouvelles zones obscures). Avec le satellite et la caméra, la Terre est appréhendée comme une totalité ; elle est sous des surveillances permanentes et rivales, observant tant les mouvements les plus imprévisibles de la nature (variations climatiques, mouvements géologiques) que les activités humaines (d'abord militaires – construction de sites, manœuvres de forces).

2. « La terre habitable [...] reconnue, relevée, partagée ». – Les terres émergées sont distribuées entre près de 200 souverainetés étatiques ; en 2001, l'ONU, qui comprend presque tous les États de la planète, a 189 membres. Certes une région, sauvée par son éloignement géographique et la dureté de son climat, échappe plus ou moins à cette appropriation étatique : c'est l'Antarctique, doté d'un statut international, et dont sept États « possessionnés » se sont réparti l'administration. Même si le besoin de liberté des échanges et peut-être surtout l'incapacité des États à exercer un contrôle réel laissent l'essentiel des océans (la haute mer) ouvert à tous, les espaces maritimes sont, eux aussi, pris dans cette dynamique d'emprise étatique (extension de la mer territoriale, reconnaissance de zones économiques exclusives).

Mais les « terrains vagues » disparaissent-ils ? Rien n'est moins sûr. Sous les lignes de partage officielles, se reconstituent des zones d'anarchie, éclatées, mouvantes, aussi bien quartiers de ville que vastes territoires chevauchant les frontières (par exemple, régions de production de drogue).

4

3. « **Cet enchaînement des parties du globe** ». – Déjà, dans les années 1930, l'impact planétaire du krach de 1929, qui frappe aussi bien le banquier de Wall Street que l'ouvrier européen ou le coolie des plantations d'hévéas, confirme que le système économique mondial est bien constitué. C'est l'époque des colonies, des paquebots et des premiers vols commerciaux transocéaniques. Aujourd'hui, les flux explosent. Ils sont multiformes : à la lettre et au téléphone s'ajoutent notamment le télécopieur, les liaisons entre ordinateurs. Les villages les plus perdus sont branchés aux réseaux mondiaux. Aucune partie de la terre n'échappe à cette mise en connexion : les flux grossissent spectaculairement là où pénètre en force la modernisation économique (ainsi, en cette fin de siècle, dans le bassin Pacifique) ; à l'inverse, ils demeurent minces dans les zones laissées en marge de cette dynamique mais ils sont tout de même présents (Afrique notamment). Le globe est enchaîné : il n'existe plus d'île déserte.

4. « **Une solidarité toute nouvelle, excessive et instantanée** ». – Cette solidarité est d'abord imposée. Tel événement (choc économique, révolution, guerre) survenant dans un coin de la terre peut l'affecter tout entière par des canaux de transmission tant matériels (ainsi, dans le domaine financier, liaisons entre les bourses) que psychologiques (le moindre fait, en se changeant en information, suscitant réactions, interprétations et même manipulations). L'intensification des échanges, la vitesse de diffusion des idées amènent les individus, les peuples à se comparer constamment les uns aux autres. Chaque histoire particulière se trouve absorbée dans l'histoire mondiale ; chaque drame local fait écho à d'autres : ainsi, l'Europe, le Proche-Orient, l'Afrique du Sud apparaissent comme les laboratoires d'une seule et même ques-

tion : Comment faire vivre ensemble des communautés qui se sont haïes ou se haïssent ? Ces jeux sans fin de comparaison à la fois entretiennent des conflits (d'abord entre ceux qui ont et ceux qui n'ont pas) mais aussi appellent des solidarités construites : d'abord, dès qu'il y a contact et échange de quoi que ce soit (marchandises, services, idées...), la recherche de règles communes, de codes organisant tout simplement la communication ; ensuite, des formes d'entraide (crédits et prêts, restructuration de dettes, coopérations).

5. **« Les habitudes, les ambitions, les affections contractées au cours de l'histoire antérieure ».** – La formation du monde fini fait-elle entrer l'humanité dans une ère historiquement nouvelle ? En fait, la mondialisation n'abolit en rien le passé : les vieilles querelles entre peuples, entre classes, entre générations subsistent, ainsi que le rappellent, en cette fin de XXᵉ siècle, les déchirements des Balkans ou du Caucase ; rivalités locales et rivalités planétaires reprennent les mêmes enjeux : le contrôle des ressources, tout en restant un facteur de guerres locales – par exemple, pétrole dans le golfe Arabo-Persique –, suscite des oppositions globales, notamment entre pays riches et pays pauvres, les premiers – gros consommateurs de ces ressources depuis des décennies ou même des siècles – mettant désormais l'accent sur leur préservation, les seconds faisant valoir leur droit au développement et donc à la pleine exploitation de ces ressources. En même temps, l'avènement de cet espace mondialisé déprécie les antagonismes anciens : la confrontation des vérités humaines (religions, idéologies, nationalismes...) les dévalue en simples opinions ; un nouveau paramètre imprègne les calculs de tous les acteurs (États, entreprises, individus...) : toute la planète, toute l'humanité se trouvent impliquées dans un seul et même jeu.

La mondialisation résulte de **l'européanisation du monde** (chap. I), cette formidable expansion de nations européennes conquérant la Terre et contraignant l'humanité entière à se redéfinir sous le choc de la modernité occidentale. Contrairement aux rêves des philosophes-prophètes du XIXe siècle (Hegel, Comte, Marx...), la mondialisation n'est porteuse d'aucun sens de l'histoire ; il s'agit seulement de **l'explosion des flux** (chap. II). Face à cette augmentation et diversification massives des flux, **les acteurs de la mondialisation** (chap. III) – individus, entreprises, États – se heurtent à des dilemmes classiques, mais ces derniers sont durcis, métamorphosés par leur ampleur nouvelle. D'où **les conflits de la mondialisation** (chap. IV), qui reformulent des conflits anciens mais aussi mettent en scène les contradictions de l'humanité prise dans un destin concret commun. La mondialisation appelle donc **la quête de normes universelles** mais conduit-elle l'humanité vers un **État mondial** (chap. V) ? Enfin, si un tel État est probablement impossible, quelles articulations peuvent s'établir entre **mondialisation et régionalisation** (chap. VI) ?

Chapitre I

L'EUROPÉANISATION DU MONDE

La mondialisation, ce mouvement d'appropriation de la terre par l'homme, s'amorce probablement il y a quelques millions d'années, dans ces temps obscurs où, en Afrique orientale, notre ancêtre – Lucy – émerge de l'animalité et, privé de la protection de la forêt, jeté dans la savane, se dresse sur ses pattes et apprend à regarder au loin. Plus tard l'homme, devenu, en ce cœur de l'Afrique, *Homo sapiens* il y a entre 100 000 et 300 000 ans, commence ses interminables migrations et se répand peu à peu sur toute la planète.

L'homme, ce perpétuel migrant, se fixe avec la révolution du néolithique et le développement de l'agriculture (de – 4 000 à – 2 500). Il a alors pour horizon son village et son voisinage immédiat. L'Histoire commence. L'enracinement de la quasi-totalité de l'humanité n'empêche pas le déploiement de **songes universalistes**. Mais c'est des **grandes découvertes**, menées par des Européens qui s'entredéchirent, aux **guerres napoléoniennes**, que s'ébauche la mondialisation, c'est-à-dire la formation de liens s'étendant à toute la terre... ou presque. Au XIXᵉ siècle, les puissances européennes et leur héritier, les États-Unis, opèrent **le grand désenclavement planétaire** (Pierre Chaunu), menant au choc terrible des deux guerres mondiales. Enfin, de la Seconde Guerre mondiale à cette fin de XXᵉ siècle, plusieurs dynamiques promeuvent **un espace mondial unique**.

I. – Les songes universalistes

Chacun des ensembles humains, qui émergent de l'opacité de la préhistoire, tend à se définir comme l'humanité tout entière. Que de groupes s'appelant tout simplement « hommes », les autres hommes – ceux qui n'appartiennent pas au groupe – étant perçus comme issus d'une autre espèce (en général inférieure) ! Depuis la nuit des temps, pour les hommes, l'humanité n'est jamais une donnée naturelle, c'est une construction propre à chaque culture.

Ces communautés restreintes, à l'aube de l'histoire, ont des dieux qui leur sont propres, qu'elles ne sauraient partager avec d'autres. Identité politique et identité religieuse se confondent. Ainsi Israël, peuple élu par son alliance avec Yahweh, le Dieu unique. Ainsi les cités grecques partageant un panthéon commun mais chacune ayant sa divinité protectrice, celle-ci jalouse et exclusive.

1. **Vers des religions ou des représentations universelles.** – Dès le Iᵉʳ millénaire av. J.-C., « l'on voit surgir, à la même époque, à quelques siècles près, une floraison de mouvements idéologiques largement comparables de l'Italie à la Chine [...] : le confucianisme et le taoïsme, le bouddhisme et le jaïnisme, le mazdéisme ou le zoroastrisme en Iran, le mouvement prophétique israélite, l'orphisme, le culte dyonisaque et le pythagorisme en Grèce » (Maxime Rodinson, *De Pythagore à Lénine : des activismes idéologiques,* Paris, Fayard, 1993, p. 38 et 41). Ce que souligne ce texte, c'est l'existence, dès cette époque, de véritables liaisons entre ces mondes – chinois, indien, perse, méditerranéen –, qui en principe, du fait des techniques de communication d'alors, ne sauraient établir au mieux que des contacts très ténus. Pourtant, ce premier épanouissement d'universalismes dans des ré-

gions éloignées n'est sans doute possible que parce que se nouent des échanges, permettant à des hommes de confronter leurs visions et leurs interrogations.

Dans cette perspective, les trois grands monothéismes sont chacun les produits d'un environnement très précis. Alors comment accèdent-ils à l'universalité ? Cette universalité a-t-elle le même contenu, le même sens pour les trois ?

– Le *judaïsme* est bien une religion ethnique, c'est-à-dire indissociable d'une communauté humaine particulière, le peuple juif (celui-ci se définissant moins comme une unité politique que comme un ensemble d'hommes et de femmes soudés, à travers les siècles, par leur fidélité à une croyance, à des rites communs et surtout à la Bible).

– Le *christianisme* naît comme l'une de ces sectes que le monde juif, son mysticisme, sa passion de la controverse créent périodiquement. Par une série de mutations (diffusion dans l'Empire romain, influences grecques, établissement – sous l'empereur Constantin – comme religion officielle de Rome, enfin formation, à la suite de la chute de l'Empire romain, de l'Europe chrétienne), le christianisme se constitue en religion s'adressant à tous les hommes. Lors des grandes découvertes, les Européens apportent avec eux le christianisme et convertissent les populations qu'ils soumettent, ces populations entrant alors, pour les Européens, dans l'humanité – ce qui n'empêche pas beaucoup d'entre elles de subir une exploitation effroyable.

– L'*islam* est, lui aussi, à sa naissance, au VIIᵉ siècle, une religion ethnique : son prophète, Mahomet, est un Arabe ; son message (rassemblé dans le Coran, qui, pour les musulmans, a été écrit par Dieu en arabe) s'adresse à d'autres Arabes. L'islam devient une religion universelle... d'abord par la guerre (victoires de Mahomet, puis conquêtes militaires foudroyantes de ses successeurs). Ainsi, de l'Atlantique à l'Asie centrale, se constitue un empire islamique, qui très vite échappe aux Arabes et ne cesse de se déchirer tout en renaissant sous d'autres maîtres, notamment les Turcs (Empire ottoman). Comme celle du christianisme, l'expansion de l'islam se dissocie mal du sort des armes mais elle est aussi due aux marchands parcourant les routes de la Soie ou l'océan Indien.

2. **Les empires.** – Tout comme les monothéismes rêvent de rassembler l'humanité sous un même et unique Dieu, les empires veulent l'unir sous un même pouvoir. Il y a, dans beaucoup de constructions impériales, une ambition universelle, cherchant à concilier diversité et unité de l'humanité. La Perse des Achéménides (de 559 à 331) garantit en son sein la pluralité des religions. Alexandre le Grand (356-323), qui abat et conquiert la Perse des Achéménides, tente d'ébaucher, dans l'espace qui va de la Grèce à l'Inde, un empire universel.

Il y a surtout Rome qui hante la mémoire de l'Occident. C'est l'empire exemplaire : sous un ordre inflexible gardé par les légions, religions et cultures – rigueur latine et subtilité grecque, clarté occidentale et mysticismes orientaux – coexistent, se mêlent et s'enrichissent les unes les autres. En 212, l'édit de Caracalla – pris certes non par quelque idéal universaliste mais par souci d'accroître le nombre des contribuables – accorde à tous les habitants de l'Empire la citoyenneté romaine, prophétisant la citoyenneté universelle.

Mais, comme toutes les constructions de l'humanité, les empires en mettent surtout en scène les contradictions. Ainsi tout empire, pour survivre, ne doit-il jamais cesser de s'étendre (ne serait-ce pour satisfaire son besoin intarissable de richesses) ; mais vient le moment où il n'a plus l'énergie d'élargir son emprise, alors il s'enferme (Rome et son *limes*, la Chine et sa muraille toujours submergée par les nomades et toujours reconstruite), se fige et meurt. Ces dilemmes des empires annoncent ceux de la mondialisation : le monde fini de cette fin de XXᵉ siècle serait-il un empire achevé, sans terre à conquérir ? Mais alors quel est l'extérieur de ce monde fini ? Cette fermeture de notre planète implique-t-elle un ordre hiérarchisé, impérial, une égalité des peuples ou la guerre de tous contre tous ?

II. – Des grandes découvertes aux guerres napoléoniennes

Avec les grandes découvertes, s'opère l'européanisation du monde. En « découvrant » la Terre, en la renommant ou en la nommant, les Européens non seulement créent, pour tous les hommes, un espace mondial unique mais surtout le structurent avec leurs idées, leurs croyances. La mondialisation, c'est-à-dire le quadrillage de la Terre par des liens de toutes sortes, ne se sépare pas de la diffusion planétaire des références européennes.

1. **Le laboratoire américain.** – Depuis la fin du XVᵉ siècle, le continent américain s'impose comme le terrain majeur du choc de l'européanisation de la Terre. Alors que l'Asie et l'Afrique, ne serait-ce que par les récits et fables de voyageurs, sont connues de l'Europe, l'Amérique, elle, n'existe pas, pour l'Europe, jusqu'à sa découverte en 1492 par Christophe Colomb (qui, ignorant avoir touché un nouveau continent, croit avoir atteint Cipango, c'est-à-dire le Japon).

L'arrivée des conquérants européens agit comme un cataclysme pulvérisant les fragiles équilibres de cette zone. Au début du XVIᵉ siècle, en quelques décennies, des poignées d'aventuriers, assoiffés d'or, anéantissent les empires extraordinaires des Aztèques et des Incas. La plus effroyable tragédie est due aux microbes qu'apportent avec eux les Européens : les Indiens, convaincus d'être abandonnés par leurs dieux, non immunisés, tombent par millions.

L'Amérique, vidée de la majorité de sa population originelle (beaucoup des survivants allant mourir dans l'enfer des mines), appartient aux Européens. Alors se déchaînent les rivalités impériales : Espagnols, Portugais, Hollandais, Français, Britanniques, exploitant et manipulant les indigènes, se disputent ces immenses territoires.

L'Amérique du Nord, refuge (comme d'autres espaces lointains) de dissidences religieuses, devient une terre promise, sur laquelle serait enfin bâtie une société pure des vices de la vieille Europe. À la fin du XVIIIe siècle, en rébellion contre la Couronne britannique, naissent les États-Unis, qui se veulent un nouvel Israël, une République idéale.

2. **Les premiers liens planétaires.** – Christophe Colomb (1451-1506) n'est que l'un des protagonistes d'une compétition européenne, ayant déjà pour théâtre la Terre entière. L'enjeu est de s'affranchir de la route de la Soie, qui relie par l'Asie centrale l'Europe à la Chine, et que contrôlent les Turcs ; il en résulte une course pour découvrir la voie maritime, qui ouvrira un accès libre à l'Extrême-Orient, ce lointain fabuleux d'où viennent épices, soie et or. En 1488, Le Cap est atteint. En 1497, cinq ans après que Colomb, financé par la Castille, et ayant parié sur la route de l'ouest, a atteint non l'Asie... mais les Caraïbes, le Portugais Vasco de Gama, par la route de l'est, double le cap de Bonne-Espérance puis, en 1498, est le premier Européen à rejoindre l'Inde par la mer.

En 1519-1522, Magellan accomplit le premier tour du monde.

Tout au long du XVIe siècle, se tissent les premières liaisons transatlantiques et bientôt transpacifiques (en 1564-1565, entre le Mexique et les Philippines). Ces aventures, qui bouleversent la face du monde, n'impliquent que quelques centaines, quelques milliers d'hommes. Les risques sont immenses : naufrages, maladies, attaques par des pirates ou par les marines des puissances en rivalité... Dans cette appropriation du monde par l'Europe en pleine vigueur, la violence est omniprésente.

3. **Les empires entrouverts.** – Cette première poussée des puissances européennes pénètre peu ou très superficiellement l'intérieur des continents. L'immense Sibérie commence d'être traversée par quelques Russes audacieux au XVIIe siècle. L'Afrique est effleurée.

En 1542 ou 1543, le *Japon* est abordé pour la première fois par un navire européen. De 1549 à 1551, saint François-Xavier, jésuite espagnol, commence l'évangélisation du Japon. Le christianisme se diffuse largement. Bientôt, des conflits, se greffant sur des luttes internes, opposent tant missions catholiques et protestantes qu'ordres catholiques (franciscains contre jésuites) en compétition les uns avec les autres. En même temps naissent les premiers comptoirs commerciaux. Mais très vite c'est le rejet : le Japon admet mal de servir de théâtre de rivalités entre Européens. À partir de 1640 s'opère une fermeture de plus de deux siècles, jusqu'à la décennie 1850. Toutefois, le Japon, soucieux de garder un contact – très contrôlé – avec l'extérieur, autorise les Hollandais, confinés sur l'île artificielle de Deshima, dans la rade de Nagasaki, à commercer avec l'archipel.

Si le Japon est protégé par son insularité, la *Chine* l'est par l'extraordinaire stabilité du poids relatif de sa masse humaine (depuis la nuit des temps, environ un cinquième de la population de la terre). De plus, la Chine, empire du Milieu, est, à ses yeux, le monde, la civilisation ; l'étranger ne peut rien lui apporter, il ne saurait que rendre hommage à son éclatante supériorité. En 1582, le P. Matteo Ricci fonde les missions jésuites en Chine et projette de la convertir au christianisme. Conscient que la Chine est à elle seule une humanité, le jésuite se fait chinois, coule le catholicisme dans les coutumes chinoises. Mais cette remarquable plasticité ne vide-t-elle pas le catholicisme de sa spécificité, le réduisant à des principes vagues ? Au XVIIᵉ siècle, c'est la querelle des rites chinois, exaspérée par la concurrence entre jésuites, dominicains et franciscains. En 1704, puis en 1715 et 1742, le pape condamne la démarche des jésuites. En 1717, l'empereur de Chine interdit la prédication du christianisme. Près de quatre-vingts ans après le Japon, la Chine, à son tour, se referme.

4. **Déjà des guerres mondiales.** – Jusqu'au XVIᵉ siècle, la Méditerranée, zone d'une densité exceptionnelle d'échanges, peut se croire le centre du monde. À la suite des grandes découvertes, sous Philippe II (1527-1598), la Méditerranée se rétrécit brutalement ; elle n'est plus qu'une petite mer fermée, contournée, marginalisée par l'élargissement spectaculaire des routes commerciales. L'Atlantique devient la nouvelle Méditerranée, tandis que l'océan Indien, longtemps tenu par les marins arabes, se trouve attiré dans un système plus vaste reliant l'Europe à l'Asie.

Tout de suite les puissances européennes, balayant les anciens maîtres de ces espaces, s'en disputent le contrôle. Dans les guerres interminables et répétées que se livrent ces puissances, les enjeux européens et planétaires ne cessent de s'entremêler. L'Angleterre, préservée par son insularité, est la grande gagnante de cette vaste partie. De la guerre de la Succession d'Espagne (1701-1713) aux guerres napoléoniennes à l'aube du XIXᵉ siècle, c'est bien un affrontement de dimensions mondiales qui met aux prises la France et l'Angleterre avec, pour terrains de combat et pour objectifs, l'Europe, mais aussi l'Inde, l'Amérique, la Russie... Si l'Angleterre l'emporte, c'est qu'elle tient les océans et enferme la France dans le continent européen.

En 1500, le réseau européen d'échanges, ayant pour centre Venise, exploite, en prise directe, la Méditerranée, et se prolonge, au nord, vers la Baltique, la Norvège, la Russie, à l'ouest, vers les Canaries et, à l'est, vers les échelles du Levant, la mer Rouge et l'océan Indien. Près de trois siècles plus tard, en 1775, à la veille du déferlement de la révolution industrielle, « la pieuvre des trafics européens » (Fernand Braudel) s'étend à la Terre entière mais n'atteint souvent que les rivages, laissant hors de son emprise l'intérieur énorme des continents.

III. – Le grand désenclavement planétaire

Au XIXᵉ siècle, des mutations liées – révolution industrielle, révolution des transports, révolution démographique – se cumulent pour amplifier et accélérer la mondialisation. Finalement la Terre entière est prise dans cette dynamique.

1. La fin d'un équilibre millénaire entre l'homme et le monde.

– Dans l'univers pré-industriel, la quasi-totalité de l'humanité habite des villages et vit de la terre. Le retour périodique des famines rappelle à l'homme que le manque, la pénurie sont inhérents à sa condition. La mort, notamment par les épidémies, est omniprésente : beaucoup d'enfants ne dépassent pas un an ; l'espérance moyenne de vie n'excède pas trente ans.

Cet « équilibre » se trouve radicalement bouleversé dans l'Europe des XVIIᵉ-XVIIIᵉ siècles par la révolution aux multiples visages de la modernité : approche rationnelle, scientifique de l'homme et de la société ; développement de la médecine et de l'hygiène ; passage de l'artisanat à l'industrie... Cette mutation complexe contribue à la mondialisation de trois manières.

A) *Les moyens de communication.* – Dans le sillage de la révolution industrielle, dans la première moitié du XIXᵉ siècle, apparaissent le chemin de fer et le bateau à vapeur. Le premier, à partir de la seconde moitié du XIXᵉ siècle, pénètre les grands espaces, établit des liaisons permanentes, déverse hommes et marchandises. En 1869, le premier transcontinental américain est achevé. De 1891 à 1917, la Russie des tsars construit le Transsibérien. De même, le bateau à vapeur assure les énormes migrations d'Européens vers les terres nouvelles et d'abord vers les États-Unis.

B) *La quête de débouchés.* – La révolution industrielle promet à l'humanité l'abondance ou même la surabondance. Vers le milieu du XIXᵉ siècle, s'installe le cycle économique typiquement capitaliste : surproduction, saturation des marchés, faillite des entreprises, krach bancaire, débâcle boursière, restructurations, redémarrage de l'activité. Le progrès technique, en multipliant les rendements, brise la fatalité millénaire de la pénurie mais rend plus pressante la recherche de nouveaux marchés. Les puissances européennes, en général par la force, contraignent le monde à s'ouvrir à leurs produits. L'Inde, sous domination britannique, est submergée par les textiles du Lancashire et, sous le choc de cette concurrence, assiste à la disparition de son artisanat. De 1839 à 1842, la guerre de l'opium entre l'Angleterre et la Chine s'achève par la défaite de la seconde, qui doit s'ouvrir notamment aux importations d'opium, venant des Indes, et qu'elle a tenté d'interdire. En 1853-1854, le commodore américain Perry oblige à coups de canon le Japon à accepter de commercer avec les pays occidentaux. À la fin du XIXe siècle, c'est au tour de l'Afrique, la course aux marchés se mêlant aux rivalités coloniales. C'est bien déjà la mondialisation : dislocation de toutes les frontières sous la poussée irrésistible de l'industrie et de la modernité ; déracinement des activités humaines ; multiplication et élargissement des flux (de marchandises, d'idées...) ; universalisation de la contrainte de l'échange, tout (du plus quotidien au plus sacré) étant voué à être soumis à la loi de l'offre et de la demande et au jeu des prix.

C) *La poussée démographique.* – À l'aube du XIXe siècle, la Terre compte un milliard d'hommes ; en 1930, deux ; en 1960, trois ; en 1975, quatre ; en 1987, cinq ; en 2000, plus de six. Au XIXe siècle, cette poussée est essentiellement européenne : entre 1750 et 1900, le nombre des Européens quadruple (de 114 millions – 21 % de la population mondiale – à 423 – 27 %). Or, durant cette même période, l'amélioration des techniques agricoles entraîne un surpeuplement des campagnes, chassant des dizaines de millions d'hommes vers les villes et aussi les poussant à chercher au-delà des mers une vie meilleure. L'Europe déverse son trop-plein d'hommes (entre 1880 et 1915, 34,5 millions d'émigrants) d'abord vers les États-Unis, qui alors les réclament, mais également ment vers toutes les terres plus ou moins libres, de l'Algérie à la Sibérie, de l'Afrique australe à l'Australie.

2. **La diffusion de l'industrialisation.** – La révolution industrielle se cristallise dans l'Angleterre du dernier quart du XVIIIe siècle. La France, elle aussi pays

d'intenses innovations, est l'autre laboratoire, mais la tourmente de la Révolution française et des conquêtes napoléoniennes brise, semble-t-il, cette dynamique modernisatrice. Un demi-siècle plus tard, en 1850, l'Angleterre est toujours l'atelier du monde.

Dans la seconde moitié du XIXe siècle, l'espace industriel s'élargit. L'Angleterre, bénéficiaire d'une considérable avance, s'essouffle. La France, qui promettait d'être la seconde nation industrielle, souffre de sa stagnation démographique et s'enferme dans un protectionnisme frileux (lois Méline, 1892). La Prusse puis, en 1871, l'Allemagne décollent, concurrençant vigoureusement et inquiétant l'Angleterre à partir des années 1890.

Déjà la révolution industrielle échappe à l'Europe. Les États-Unis, à la suite de la victoire du Nord – industriel, protectionniste – sur le Sud – agricole, libre-échangiste – dans la guerre de Sécession (1861-1865), unifient leur espace national, de l'Atlantique au Pacifique (conquête de l'Ouest), et, dès la fin du XIXe siècle, émergent comme la première puissance industrielle de la planète. La Russie décolle dans la décennie 1890. Hors de l'univers chrétien, blanc et colonisateur, seul le Japon, lors de l'ère Meiji (1868-1912), parvient à entrer dans cette compétition pour la modernisation et la puissance.

Cette diffusion de l'industrialisation n'a rien de mécanique ; elle est portée, bloquée, déviée par les facteurs nationaux. Cette vague de fond ne cesse d'être prise dans le chaos du politique. L'ascension de l'Allemagne résulte certes de son effervescence technique, scientifique, intellectuelle, de sa poussée démographique mais aussi d'une soif de revanche contre la France et l'Angleterre, puissances établies, s'étant taillé des empires coloniaux, et face auxquelles l'Allemagne rage d'arriver trop tard dans un monde déjà partagé. Pourquoi, à la différence de la quasi-totalité de l'Asie dépecée, écrasée par les puissances occidentales, le Japon échappe-t-il à la domination de ces dernières et les défie-t-il (guerre russo-japonaise en 1904-1905) ? Le Japon, conscient qu'il n'y a pas d'autre voie que l'imitation méthodique de l'Occident, se montre le meilleur des élèves (en s'industrialisant, en se dotant d'un parlement, en conquérant un empire), mais son avidité le conduit à affronter, en 1941, le colosse américain, qui, fidèle porte-parole du capitalisme libéral, refuse et brise toute édification d'espaces clos – et donc l'excluant – (sphère de co-prospérité asiatique du Japon mais aussi Europe hitlérienne) ; en 1945, le Japon, finalement trop pauvre et trop vulnérable, est écrasé puis reconstruit par son vainqueur et occupant sur le modèle occidental.

3. **Empires et mondialisation.** – Du XVIᵉ au XXᵉ siècle, la mondialisation, c'est-à-dire l'inscription de toutes les sociétés dans une histoire unique, est indissociable de la constitution des empires coloniaux. Les colonisateurs diffusent leurs valeurs, leurs pratiques (par exemple, pour l'Angleterre, du parlementarisme au rituel du thé ; pour la France, des idées de la Révolution française à la baguette de pain). Les colonisés ou plus précisément leurs élites ne peuvent que vouloir s'approprier ces signes de supériorité puis bientôt les retourner contre celui qui les a apportés, qu'il s'agisse des armes à feu ou du droit des peuples à disposer d'eux-mêmes.

Ces empires se font en ouvrant brutalement des continents entiers, de l'Amérique à l'Afrique. En même temps, ils substituent aux partages flous des constellations tribales qui les ont précédés des divisions nettes, ces frontières linéaires dont hériteront et que reconnaîtront comme leurs les colonisés lors de leur accession à l'indépendance.

4. **Guerres mondiales et mondialisation.** – Dès la fin du XVe siècle, se dessinent des rivalités planétaires : pour la première fois, des hommes – des Européens – commencent de disposer de techniques leur permettant de traverser et de tenir toutes les immensités océaniques. Les deux guerres « mondiales » (1914-1918, 1939-1945) ne sont donc pas les premières de ce type.

Ces deux guerres sont perçues comme mondiales en premier lieu par l'ampleur des ressources mobilisées. Les empires – hommes, matières premières... – sont mis au service des combats. Le chemin de fer, l'automobile (chars), la marine (sous-marins ; porte-avions), l'aviation élargissent spectaculairement les dimensions des champs de bataille, embrassant les plaines européennes de Berlin à Moscou ou des océans entiers (l'Atlantique lors des deux guerres mondiales, le Pacifique durant la Seconde).

Ces affrontements, nés en Europe (mais aussi, en ce qui concerne la Seconde Guerre mondiale, en Asie) consacrent l'avènement d'une scène géopolitique mondiale unifiée. La victoire revient finalement à deux États-continents, l'Union soviétique et les États-Unis. En 1945, ce qui est en cause, c'est bien la Terre entière : Quelle Europe ? Quelle Asie ? Quel ordre universel (création de l'Organisation des Nations Unies, ONU) ? Quel avenir pour les empires coloniaux ?

De la fin des années 1940 à la fin des années 1980, l'antagonisme Est-Ouest est bien planétaire : États-Unis et Union soviétique, dans leur vaste partie d'échecs (ou de poker), utilisent tous les conflits de tous les continents ; l'enjeu est bien l'humanité, son ralliement au capitalisme libéral ou au marxisme-léninisme.

IV. – Un espace mondial unique ?

Depuis la fin de la Seconde Guerre mondiale, trois bouleversements contribuent à l'établissement d'un espace mondial unique. Mais cette unification produit fragmentations, rivalités et conflits.

1. **La décolonisation.** – De la fin des années 1940 au milieu des années 1970, les empires coloniaux disparaissent, laissant derrière eux des traces ineffaçables : tous les peuples soumis, accédant à l'indépendance, ne retrouvent pas leur univers antérieur mais vivent dans des cadres importés (d'abord, l'État à l'européenne). La communauté internationale, qui se limitait au monde dit civilisé (Europe et Amérique issue de l'Europe), s'étend à l'humanité.

Il en résulte des antagonismes à plusieurs dimensions, locales et mondiales, internes et externes, politiques et culturelles. Il y a d'abord les combats pour l'indépendance politique – souvent attirés dans le bras-de-fer Est-Ouest (Indochine, Afrique...). Puis éclatent les disputes pour le contrôle des ressources, le partage des revenus en résultant (ainsi autour du pétrole, de son prix lors des chocs des années 1970). Enfin, la colonisation ayant pénétré, contaminé tous les aspects de la vie (des configurations étatiques aux rapports entre la collectivité et l'individu), et par conséquent chaque phase de décolonisation en appelant une autre plus profonde, émergent, surtout à partir des années 1970, des confrontations entre civilisations (d'abord entre l'Occident et l'islam ou, plus exactement, les islamismes dont l'ambition est d'éradiquer les apports corrupteurs de cet Occident et de ne garder que l'outil de sa supériorité : la technique).

Chaque conflit global (entre l'Occident et le Sud, entre le capitalisme démocratique et les communautarismes fondamentalistes...), au lieu de s'incarner dans des blocs compacts et ennemis, se décompose à l'infini, opposant des États mais aussi déchirant des sociétés, et même évélant les contradictions de chacun. De même chaque expérience locale (par exemple, en ces années 1990, l'établissement de la paix entre Israël et Arabes ou l'édification d'une Afrique du Sud privant les données raciales de toute implication politique) devient l'une des péripéties du drame planétaire : Comment faire vivre ensemble, dans une harmonie relative, des peuples de plus en plus imbriqués, entremêlés, réclamant les mêmes territoires et richesses, exaspérant leurs différences – en fait bien érodées par les contacts avec l'Autre – par peur de se dissoudre dans la fourmilière humaine ?

2. **Un système mondial d'échanges.** – De la fin de la Seconde Guerre mondiale aux années 1970, l'échange international – commercial, financier, technique – reste limité à l'espace occidental : Amérique du Nord et Europe de l'Ouest, le Japon étant le troisième protagoniste.

Les années 1970 enclenchent un formidable élargissement des réseaux d'échanges. L'enrichissement des économies occidentales, au cours des Trente Glorieuses (1945-1975), stimule ou amplifie l'internationalisation des grandes entreprises en quête de marchés et de moyens financiers. Les deux chocs pétroliers apportent brutalement des recettes massives aux États exportateurs d'hydrocarbures ; ces derniers, nouveaux riches « recyclant » leur argent dans les circuits internationaux, deviennent des parties prenantes du jeu économique international. Beaucoup d'États s'endettent lourdement et empruntent au-delà de leurs frontières. Dans la zone Asie-Pacifique, se forme la première vague des Nouveaux Pays industriels – NPI –, les Quatre Dragons (Corée du Sud, Taiwan, Hong-kong, Singapour).

24

Enfin, l'abandon des parités fixes pour les taux de change flottants contribue à retirer aux États le contrôle des flux financiers internationaux et à ériger les marchés (et donc les innombrables opérateurs : banques, organes collecteurs d'épargne, particuliers...) en arbitres des monnaies.

3. **L'écroulement des modèles d'autosuffisance.** – En 1989-1991, le bloc communiste en Europe orientale s'écroule, puis, sous ce coup, l'Union soviétique, à son tour, éclate. Ainsi prend fin, certes dans l'attente d'une révolution universelle, la plus formidable expérience de développement autarcique du XXe siècle. Également, dans ces années 1980, les États du Tiers Monde, ayant opté pour une voie analogue (priorité à l'édification d'une base industrielle, assurant l'indépendance économique), soit comprennent qu'il leur faut s'ouvrir, se brancher sur les flux internationaux (Chine mais aussi Mexique, Inde, Vietnam...), soit basculent dans la crise et même le chaos (Algérie, pensant financer par la rente pétrolière son décollage, et se ruinant dans des projets inutiles).

À l'inverse, ceux qui ont choisi la compétition s'envolent : dans le sillage des Quatre Dragons, se bousculent l'Indonésie, la Malaise, la Thaïlande...

La mondialisation, multiplication des flux de toutes sortes, s'épanouit. Les valeurs qu'elle diffuse sur toute la planète sont occidentales : liberté et droit au bonheur de l'individu, loi du marché, démocratie... Mais ces références n'appartiennent plus à l'Occident. L'Orient, c'est-à-dire ce qui n'est pas l'Occident, à la fois rejette et s'approprie ces éléments. Le déferlement de la modernité occidentale, terrible acide dissolvant les traditions, les mythes, les identités, les amène à se réinventer, à se métamorphoser. C'est l'ère des métissages : races mais aussi cuisines, mœurs, religions, idées, tout se mélange pour produire des synthèses bizarres et instables. La mondialisation ne signifie ni la paix, ni la fin de l'Histoire ; au contraire, elle ne fait que donner aux passions et aux rivalités humaines une scène unique : la Terre entière.

Chapitre II

L'EXPLOSION DES FLUX

Le trait fondamental de la mondialisation réside dans l'explosion des flux de toutes sortes, ceux-ci se faisant plus denses, plus divers et allant de plus en plus loin. Aujourd'hui, le gros de ces flux circule entre trois pôles : l'Amérique du Nord, l'Europe occidentale et l'Asie maritime ; mais déjà l'espace Atlantique, qui concentrait l'essentiel de ces mouvements de la fin de la Seconde Guerre mondiale aux années 1970, se trouve concurrencé et dépassé par l'espace Pacifique, la spectaculaire croissance de l'Asie maritime entraînant une multiplication des flux tant entre les États de la région qu'entre celle-ci et les autres zones de richesse.

La distribution de ces flux est donc très inégale, intense dans les parties développées de la Terre, se réduisant à des ruisseaux dans les régions pauvres, marginalisées comme l'Afrique, l'Asie centrale ou l'Amérique andine. Comme l'eau, ces flux sont mobiles ; qu'un obstacle les arrête (principalement les frontières étatiques), ils peuvent tout aussi bien se tarir devant l'imperméabilité de la barrière que la contourner et se glisser par le moindre trou (ainsi les produits ou les écrits interdits, les migrants clandestins se faufilant entre les contrôles policiers).

Ces flux ont besoin de *réseaux,* liaisons permanentes, organisées. Ces réseaux sont innombrables : à un extrême, les dispositifs reconnus, officiels (par exemple, les missions diplomatiques d'un État) ; à l'autre extrême, le pullulement de structures hétéroclites, mouvantes (diasporas, mafias).

Quatre types de flux créent, font vivre la mondialisation : ils concernent **les hommes, les biens et services, l'argent,** enfin **les informations, les idées, les représentations mentales.**

I. – Les hommes

La mondialisation résulte d'abord des migrations humaines, de l'appropriation de la terre par l'homme et des luttes féroces qui l'accompagnent.

1. Des migrations intercontinentales aux migrations Sud-Nord. – De la seconde moitié du XIXᵉ siècle à la crise des années 1930, se font les grandes migrations européennes vers les immensités considérées comme libres et à coloniser (ouest des États-Unis, Australie...). La conjoncture est unique : poussée démographique de l'Europe ; besoin et volonté de certaines puissances de coloniser des espaces par des hommes dans leur dépendance ; enfin, mutation des moyens de transport.

La Terre est désormais occupée et partagée. Tout ce que l'homme, dans l'état actuel de ses techniques, peut habiter ou aussi exploiter – dans des conditions satisfaisantes de rentabilité –, il l'a fait sien. Les régions les plus fécondes mais également les plus vulnérables aux caprices du temps – d'abord les deltas constamment menacés d'être submergés – concentrent d'énormes masses humaines. Après les déplacements du XIXᵉ siècle, l'humanité s'enracinerait à nouveau, d'autant plus fixée qu'elle est distribuée entre près de 200 États, chacun avec un territoire bien délimité et en principe contrôlé.

Les aléas de l'histoire, la diffusion hasardeuse de la technique, de la richesse se traduisent aujourd'hui par la proximité, l'imbrication de multiples espaces de richesse et de pauvreté : Europe occidentale et Europe orientale ; Europe méditerranéenne et Maghreb ; États-Unis et Mexique ; Asie maritime et Asie continentale... Il en résulte des tensions typiques de la mondialisation, processus formidable et inachevé de réduction et de révélation de toutes les distances : d'un côté, des populations jeunes, à la fois fascinées et exaspérées par l'Occident arrogant, où tout paraît facile ; de l'autre côté, des sociétés vieillissantes, hantées par la perte de leurs avantages. Les migrations de cette fin de siècle ne peuvent plus être provoquées par des rêves de terres ouvertes ; il reste tout de même à profiter des miettes, des poubelles, des emplois, des salaires dont ne veulent pas les riches ou plutôt les pauvres des pays riches. D'où l'une des tensions de la mondialisation : alors que jamais les hommes n'ont pu avoir autant le sentiment et la capacité de pouvoir chercher leur bonheur ailleurs, les États, surtout prospères, se barricadent.

2. **La prolifération de l'urbanisation.** – Mondialisation, industrialisation et urbanisation relèvent d'une même dynamique d'artificialisation de la Terre, d'exploitation systématique par l'homme.

En l'an 2000, près de la moitié de l'humanité habite des villes. Cette urbanisation est spectaculaire et s'accélère. En un siècle, la population d'agglomérations peut décupler (ainsi Pékin : 1 million d'habitants en 1900 ; près de 9 millions aujourd'hui ; Rio de Janeiro : 800 000 habitants en 1900 ; 6 millions aujourd'hui). Ce phénomène, longtemps limité aux pays industrialisés, est désormais planétaire, la plupart des mégalopoles de l'avenir se trouvant dans le Sud (Mexico : 31 millions d'habitants ; Sao Paulo : 26 ; Tokyo : 24 ; New York, Shanghai : 23...). Cette dynamique s'explique notamment par la surpopulation des campagnes, la recherche d'un sort meilleur. Le développement très rapide de la Chine s'accompagne de la migration de millions de paysans en surnombre, attirés par l'effervescence des agglomérations de la Chine côtière.

Sous ce déferlement, les villes se répandent, se décomposent, sont bordées ou pénétrées par d'immenses bidonvilles. Le partage entre villes et campagnes, s'il a jamais existé, se dissout dans ces zones grises sans fin, où coexistent cités-dortoirs et villages désertés, accueillant des résidences secondaires. Des constellations urbaines sans centre ni limites se perdent dans des alignements de constructions plantés au carrefour d'autoroutes *(edge cities)*. Dans cet univers, l'homme est déraciné, isolé (la mondialisation se caractérisant à la fois par l'encombrement – d'automobiles, de déchets, d'images... – et l'atomisation, la destruction des liens sociaux). D'où la recréation de tissus sociaux « sauvages » et précaires : bandes d'enfants et d'adolescents, mafias, sectes... Cette anarchie peut accoucher de mouvements politiques : dans l'Iran du shah, au cours des années 1970, la contestation khomeiniste recrute ses militants dans la jeunesse à demi scolarisée, exclue de l'enrichissement insolent assuré par les pétrodollars et prétendant restaurer un islam pur et dur ; dans l'Algérie des années 1990, le Front islamique du salut (FIS) puise dans les jeunes, entassés dans les immeubles (bourgeois, du temps des Français) d'Alger, et ressentant la mondialisation – c'est-à-dire la dépendance à l'égard des circuits économiques internationaux, l'occidentalisation des mœurs – comme la source de toutes leurs frustrations.

II. – Les biens et services

La mondialisation, c'est aussi la constitution de la Terre entière en un espace commercial unique. De 1950 à 1995, si la production industrielle mondiale est multipliée par plus de sept, les échanges de produits manufacturés le sont par 26. Ces deux évolutions illustrent le spectaculaire enrichissement de la planète et, en interaction avec ce phénomène, la croissance vertigineuse des flux industriels. Depuis la seconde moitié des années 1980, plus de 60 pays en développement, ayant choisi un modèle fermé, s'ouvrent de leur propre initiative ; ils rassemblent environ la moitié de la population mondiale ; il s'agit notamment de la Chine, de l'Inde, de l'Indonésie, du Brésil, de la Russie.

La mondialisation affecte produits et services de trois manières.

1. **L'industrialisation**. – Celle-ci implique une production de masse. Or, comme le prophétisait Marx, la mondialisation, c'est-à-dire l'inscription de toutes les activités humaines dans un système global d'échanges, contribue à transformer ce qui était sacré, exceptionnel, particulier, artisanal, réservé à un cercle restreint, en quelque chose de banal, de facilement accessible que l'on vend et achète. D'où la diffusion, l'universalisation de la logique industrielle.

A) Le *tourisme*, dimension essentielle de la mondialisation, illustre bien cette dynamique d'industrialisation. Dès la première moitié du XIXe siècle, apparaissent les premiers touristes modernes, cherchant dans le voyage l'expérience qui leur fera vivre la pluralité de la vérité. Dans la seconde moitié du XIXe siècle, le développement de la bourgeoisie, le train et le paquebot, la création d'entreprises spécialisées – la première, l'agence Cook, évidemment britannique, naît en 1841 – font du tourisme la distraction des classes possédantes ; tandis que Philéas Fogg, en gagnant son pari de faire « le tour du monde en

80 jours » (Jules Verne, 1873), prouve que la technique (européenne) relie les coins les plus perdus et unit la Terre, les tribulations de « La famille Fenouillard » (Christophe, 1889-1895) montrent que les voyages les plus lointains sont désormais accessibles aux gens les plus moyens. C'est l'époque de l'exotisme.

Le tourisme se *mondialise*. Entre 1950 et 1990, si la population mondiale double, les déplacements touristiques sont multipliés par 14. Le premier signe de cette mutation est peut-être la création, en 1950, du *Club Méditerranée,* mettant lagons et palmiers à la portée de salaires modestes.

Les avions long courrier, bon marché (charters), réduisent massivement les coûts de transport. Les systèmes de réservation à la fois se globalisent et tendent à se concentrer entre les mains de quelques opérateurs ; ces derniers, manipulant des millions de commandes, acquièrent de puissantes capacités de pression sur les compagnies aériennes, au moment où celles-ci sont engagées dans une compétition mortelle.

Tout lieu « pittoresque » fait l'objet d'aménagements (hôtels, clubs de vacances...). Les sites les plus mystérieux, brutalement désacralisés, accueillent des hordes de visiteurs en short et en espadrilles, l'appareil de photo, la caméra et désormais le caméscope permettant aux familles de s'immortaliser en ces lieux.

B) Les *drogues* fournissent un autre exemple de ces articulations dynamiques entre consommation de masse, industrialisation. Longtemps l'usage des drogues obéit à des règles strictes (ainsi la coca réservée à l'Inca) et ne se répand guère au-delà de groupes confidentiels (ainsi l'opium des poètes ou des amateurs d'exotisme). Certes, dès la seconde moitié du XIXe siècle, l'invasion de la Chine par l'opium – fumé tant par les mandarins que par les *coolies* – indique qu'une société entière, celle du plus vieux des peuples, peut, sous le coup de son écrasement par l'Occident, s'intoxiquer.

Les drogues connaissent six évolutions, déjà observées pour le tourisme, et typiques de la mondialisation : prolifération des éléments de synthèse (du crack à l'ecstasy), afin de mieux capter des clientèles de plus en plus hétéroclites par leurs goûts et leurs ressources financières ; industrialisation de la production par les seigneurs de la guerre du Triangle d'Or ou les « cartels » colombiens ; élargissement et liaison des zones de fabrication et de trafic (ainsi l'Afrique devenue, notamment du fait de son anarchie politique, une plaque tournante de ce commerce) ; accroissement et diversification des consommateurs, ceux-ci se recrutant dans toutes les couches sociales ; crise des dispositifs législatifs et policiers, en particulier sous la pression des flux (la croissance des quantités saisies démontrant moins l'efficacité des contrôles que l'augmentation vertigineuse des masses en circulation) ; enfin, mise à nu des ambiguïtés de la notion de drogue (les mêmes sociétés prohibant haschich et héroïne et autorisant le recours massif à des drogues légales – alcool, tabac, tranquillisants). L'explosion des flux déstabilise toutes les structures existantes et souligne la relativité de toutes les normes, de tous les interdits.

2. **Les métamorphoses.** – La multiplication des contacts, des échanges encourage ou impose transformations et métissages. Les cuisines, pourtant enracinées dans des terroirs, dans des civilisations, se rencontrent, ces interpénétrations pouvant disloquer des conventions (ainsi les recettes orientales contestant la séparation occidentale du salé et du sucré). Des produits culinaires, en se mondialisant, se conforment à un goût universel ou plutôt élaboré comme tel (ainsi la pizza américaine).

Les produits mondiaux, se vendant sous toutes les latitudes, restent très rares : Coca-Cola, hamburgers de *Mac Donald's...* Ce n'est pas un hasard si ces produits sont originaires des États-Unis ; pour un jeune Russe ou Chinois, les consommer, c'est, pendant un moment, accéder au paradis de l'abondance et de la modernité.

3. **La *commoditization*.** – En anglais, les *commodities* (mot venu du vieux français : commodités) constituent les ingrédients de base de l'activité économique, ceux sans lesquels la machine ne fonctionnerait pas : par exemple, le pétrole, l'acier, l'aluminium... Du point de vue économique, ces *commodities* présentent deux caractéristiques : leur prix, ses variations reflètent les fluctuations du cycle économique (d'où des alternances de hausses et de baisses très fortes) ; en outre, sur la longue durée, le prix de ces *commodities* – qui incorporent peu de valeur ajoutée – se dégrade par rapport à celui des biens contenant de la valeur ajoutée (notion de détérioration des termes de l'échange).

La *commoditization* définit le phénomène selon lequel des produits à forte valeur ajoutée voient leur prix évoluer comme celui de *commodities.* Pourquoi cette contamination ? Quel rapport avec la mondialisation ? La *commoditization* touche aussi bien les circuits intégrés, les téléviseurs, les magnétoscopes que l'automobile. Ces biens requièrent des investissements considérables (de la conception à la vente). Or la férocité de la concurrence, la précarité de toute avance technique, le raccourcissement de la durée de vie de ces produits entraînent l'instabilité et la chute des prix.

III. – L'argent

L'argent est fait pour circuler. Il est bien l'un des langages spontanément universels, intégrant toute chose, toute activité dans une échelle unique de valeurs : « Combien ça coûte ? » L'argent est l'un des grand vecteurs de la mondialisation : en conférant un prix à tout – de la brosse à dents à la vie humaine –, il fait de tout l'objet de comparaisons, de calculs. L'argent, par lequel tout se vend et s'achète, désacralise, réduisant les valeurs « éternelles » à des contraintes irrationnelles. De plus, l'appropriation de l'espace, l'établissement des liaisons terrestres, maritimes, aériennes réclament la mobilisation de capitaux, la sophistication des outils financiers – ce qui s'accompagne souvent de faillites, de scandales.

Tout comme la « grande transformation » (Karl Polanyi) du XIXᵉ siècle, c'est-à-dire la première ébauche du marché universel, la fin du XXᵉ siècle, depuis les années 1960, marque, en ce qui concerne la finance, une mutation sans précédent : le domaine financier émerge comme le premier champ réellement mondialisé.

1. L'enrichissement du monde et l'internationalisation des acteurs. – Cette poussée de mondialisation naît d'abord de la croissance des Trente Glorieuses (1945-1975). De nouveaux besoins, de nouvelles possibilités prennent corps.

Du côté de l'offre, l'enrichissement des sociétés occidentales accroît certes la consommation mais aussi l'épargne. Des institutions – sociétés de placement, caisses de retraite... – se mettent en place pour drainer ces ressources vers les marchés financiers. De plus, ces organismes, soucieux de diversifier leurs choix, d'équilibrer opérations rentables et opérations sûres, regardent peu à peu au-delà des frontières. Le vieillissement des populations occidentales, l'alourdissement du poids des retraites, la nécessité de les financer de plus en plus par la capitalisation (c'est-à-dire par l'épargne du futur retraité ou du retraité) amplifient cette internationalisation. Depuis le début des années 1970, d'abord aux États-Unis, c'est le développement spectaculaire des fonds de pension collectant et gérant des sommes colossales. Les trois plus gros fonds américains disposent de 1 000 milliards de dollars, soit près des deux tiers du Produit intérieur brut français. Ces institutions, en jouant sur toutes les grandes bourses, en détenant des parts du capital de multinationales, deviennent des acteurs financiers internationaux majeurs.

Du côté de la demande, il y a notamment la croissance, l'internationalisation des entreprises. Un tournant historique se produit dans la seconde moitié des années 1980. Jusqu'alors cette internationalisation se fait essentiellement par le commerce. À partir de 1985, l'investissement direct émerge comme un moteur majeur. Les canaux de l'internationalisation se multiplient : exportations-importations, acquisitions d'entreprises et fusions ; création de sites *ex nihilo*. Ces mutations sont aidées, amplifiées par l'explosion et la globalisation des activités financières. Aujourd'hui, les flux financiers sont quarante fois supérieurs aux mouvements commerciaux.

Durant le dernier quart du XXe siècle, l'endettement des États s'accroît massivement. Les États-Unis laissent leurs déficits publics se creuser dans les années 1980 mais, grâce au dollar, première monnaie de transaction et de réserve, et à leur puissance, mobilisent aisément les épargnes étrangères et d'abord japonaise. Entre 1980 et 1995, l'endettement des pays riches (États appartenant à l'OCDE) s'élève de 41 % de leur Produit intérieur brut à près de 75 %.

En août 1982, puis fin 1994, le Mexique traverse deux crises financières graves, le conduisant à la lisière de la faillite. Lors de ces deux moments, le monde financier, conscient de l'extraordinaire resserrement des interdépendances, redoute un krach encore plus profond et global que celui d'octobre 1929, la chute du Mexique étant suivie de celle des autres États endettés et menant à la dislocation de l'ensemble du système. Dans les deux cas, le pire ne se produit pas : si, par rapport aux années 1930, le système (alors déjà quasiment mondial) a bien élargi son emprise, il a appris à concevoir des mécanismes de maîtrise des crises (programmes d'urgence, plans de rééchelonnement des dettes...). La mondialisation se définit également comme une série de processus, certes hasardeux, d'organisation de la planète.

2. **La dislocation des règles et des contrôles.** – Dans les années 1970, le régime des parités fixes entre les monnaies (accords de Bretton Woods, juillet 1944) est abandonné pour celui des taux de change flottants (accords de Kingston, janvier 1976) : désormais, la valeur des monnaies est établie par les marchés et donc ne cesse de varier en fonction de l'offre et de la demande. Puis, dans les années 1980, ce sont le démantèlement des contrôles des changes, la déréglementation visant à supprimer, dans les domaines internationalisés ou ayant vocation à l'être (finance, notamment), toutes les règles limitant la concurrence tant interne qu'externe.

Cette disparition ou au moins cet assouplissement des règles officielles du jeu constituent l'un des signes de la formation d'un système financier mondial échappant aux États. Ainsi, dès les années 1960, le marché des eurodollars prend corps, à partir de dépôts en dollars hors des États-Unis ; d'abord, pour les multinationales américaines mais aussi pour toutes les entreprises manipulant des flux en dollars, les eurodollars représentent une source de crédits au-delà des contrôles nationaux. Selon le même mécanisme (dépôts de monnaie hors de l'État émetteur), apparaissent les eurodeutschemarks, les eurofrancs... Dans les années 1970, arrivent les pétrodollars.

Dans les années 1980, déferlent les narcodollars, dont les trafiquants de drogue effacent les origines douteuses en les recyclant dans des emplois réguliers (blanchiment). Ainsi se multiplient les fleuves autonomes d'argent.

3. **Une frénésie d'innovations financières pour manipuler des sommes croissantes.** – Depuis que l'argent existe, les préoccupations de ses manipulateurs restent les mêmes : le faire circuler et fructifier (par le prêt, le crédit...) ; se prémunir contre les risques de telles opérations. Seuls changent les montants impliqués et les techniques, le principe étant toujours le même : se servir du temps, anticiper les évolutions. Aujourd'hui, tout facilite, accélère la circulation de l'argent ; en même temps, il s'agit de se protéger contre – et aussi d'exploiter – les incertitudes de ces mouvements de plus en plus rapides.

Telle est la *titrisation* (*securitization,* en anglais). Ce mécanisme assure la transformation d'avoirs financiers en « titres » négociables sur les marchés. La titrisation peut être mobilisée pour n'importe quelle donnée économique (ressources d'entreprises, mais aussi immeubles, terrains, forêts, pollutions...). La titrisation contribue à la création de marchés, facilitant la mobilité des choses, des dettes, des patrimoines et les intégrant dans les circuits mondiaux.

L'illustration la plus spectaculaire de cette mutation financière est fournie par les *produits dérivés.* Ce sont tous les produits et instruments financiers qui ne correspondent pas à une négociation au comptant (physique) mais se traduisent par un contrat d'achat ou de vente d'une quantité d'un actif quel qu'il soit (profits, obligations, matières premières, métaux précieux...) à une date dans le futur et à un prix déterminés à l'origine. Ainsi les *swaps* permettant à une entreprise, moyennant rémunération, d'échanger pendant une période déterminée des risques de change ou de taux. Ces contrats à terme – *futures*, en anglais – apparaissent dès la seconde moitié du XIXe siècle sur les marchés de matières premières (Chicago, céréales et viandes ; Londres, métaux et grands produits végétaux). À partir du début des années 1970, la volatilité des taux d'intérêts, des cours de devises provoque la croissance vertigineuse de ces contrats (en 1972, contrat sur devises lancé par le Chicago Mercantile Exchange – CME ; en 1975, contrat sur taux d'intérêt lancé par le Chicago Board of Trade – CBOT). Depuis les années 1980, de tels marchés s'ouvrent à Londres, Paris (en 1986, MATIF), Francfort, Sidney, Tokyo...

4. **La connexion des marchés.** – La connexion des marchés est imposée par ces pressions formidables pour rendre aussi fluide que possible la circulation de l'argent. En quelques secondes, en quelques minutes, les capitaux se déplacent d'une entreprise à une autre, d'une place à une autre. Cette globalisation financière n'est pas créée par la technique – qui n'est qu'un instrument –, mais elle est facilitée par elle : introduction de l'ordinateur, dématérialisation des titres, machines de transfert automatique, réseaux de transmission de données, diffusion de la carte de crédit...

En octobre 1986, la *City* de Londres, soucieuse d'être toujours la première à s'adapter aux mutations financières, réalise ce qu'elle appelle son *big-bang* : les contraintes réglementaires, les commissions fixes sont abolies ; les transactions se font non plus de personne à personne, mais d'ordinateur à ordinateur, grâce à des écrans fonctionnant en continu et reliés à tous les autres centres financiers de la planète. Les autres bourses ne sauraient que suivre, emportées dans une compétition frénétique entre elles.

IV. – Les représentations mentales

La mondialisation est indissociable d'une multiplication des liens d'information et de communication. Ici
aussi l'espace et le temps se trouvent massivement con-
tractés : il y a encore deux siècles, au moment où apparaît le premier moyen de transmission rapide, le télé-
graphe aérien (1793), il faut des heures, des jours, parfois
des semaines pour que soient connues des victoires ou
des défaites ; aujourd'hui, de tels événements sont suivis
en direct, la télévision les retransmettant à la Terre
entière.

En 1980, naît la première chaîne de télévision à vocation planétaire, *Cable News Network (CNN)*. Elle diffuse
vingt-quatre heures sur vingt-quatre de l'information et a
pour ambition d'être reçue partout, maintenant ainsi
tous les hommes dans une rumeur planétaire continue,
engendrant peut-être à terme une conscience universelle.
Pour le moment, *CNN,* illustration exemplaire d'une
Terre câblée, atteint surtout les grands hôtels, temples de
la globalisation, identiques sous toutes les latitudes et
dans lesquels se croisent, interchangeables (ordinateur
et désormais téléphone portables), les cadres de la
mondialisation.

Cette circulation de plus en plus rapide et large des
nouvelles, des images, des idées suscite toutes sortes de
réactions et d'enchaînements ; ainsi la mondialisation
souligne-t-elle l'unité de la planète mais elle ne supprime
pas la position particulière de chaque individu.

1. **L'émotion.** – Aujourd'hui tout drame – tremble-
ment de terre, famine, guerre... – est instantanément, directement connu sinon de tous, au moins de beaucoup.
En résulte-t-il des émotions planétaires, le téléspectateur
se sentant le frère de ceux qui, à des milliers de kilomè-

tres, sont frappés par le malheur ? Rien n'est moins sûr. Du soulèvement des Grecs contre l'autorité ottomane dans les années 1820 à la guerre d'Espagne (1936-1939), de la guerre américaine du Vietnam dans les années 1960 à la lutte contre l'apartheid en Afrique du Sud dans les années 1980, l'impact international précis de chacun de ces moments forts est variable, touchant et mobilisant ceux qui ont des raisons précises et toujours très diverses d'être atteints, mais laissant indifférente la grande majorité, surtout absorbée par ses difficultés immédiates et quotidiennes. Alors qu'y a-t-il de changé entre, par exemple, le début du XIXe siècle et le début du XXIe ? Non seulement la puissance, le rayonnement des moyens d'information et de communication, mais aussi le degré, les modalités d'intégration des hommes dans l'espace public international. Il ne se cristallisera donc d'émotions authentiquement universelles que lorsque tous les hommes, ou au moins déjà le plus grand nombre d'entre eux, seront affectés de façon semblable dans leur situation concrète par un même fait et surtout le vivront, l'assumeront comme quelque chose de commun, appelant une solidarité globale.

2. **L'imitation.** – L'imitation est un des mécanismes fondamentaux de l'histoire humaine ; par l'imitation, le pauvre peut se croire l'égal du riche, le vaincu défaire le vainqueur, le sous-développé accéder au progrès. À nouveau la mondialisation ne crée certes pas les phénomènes d'imitation, mais les facilite, les amplifie, les accélère et peut-être leur confère une nouvelle dimension, une nouvelle valeur.

Ainsi en est-il de la *contrefaçon,* qui est bien un mode d'imitation : des biens rares, coûteux, produits d'une marque, sont copiés à l'identique en fraude ; ces faux sont vendus en grandes quantités et à des prix plusieurs fois inférieurs à ceux des originaux. Mais quels liens entre contrefaçon et mondialisation ? Ce sont la formidable réduction des distances, la brutale dépréciation des écarts – géographiques, techniques, sociaux... Le contrefacteur – en général une entreprise du Tiers Monde – dévalorise, désacralise les objets concernés : expressions d'une civilisation supérieure, ils ne sont plus que des choses susceptibles d'être fabriquées en milliers, en millions d'exemplaires. En outre, qui sont leurs premiers acheteurs ? Des touristes venus des pays mêmes où sont conçus les originaux, et s'offrant au coût le plus bas des signes de prestige social.

De même, l'imitation engendre ou paraît engendrer l'unification, la mondialisation de la jeunesse autour de goûts, de rites communs (le blue jeans, le hamburger de Mac Donald's, le concert s'achevant dans le scintillement des flammes des briquets, le tatouage, la moto...).

3. **Le rejet.** – Tout comme la mondialisation s'établit par des phénomènes sans fin d'imitation, elle provoque tout autant des réactions de rejet. Mais ici que d'ambiguïtés, que de contradictions !

La poussée de mondialisation s'accompagne de réactions intégristes (par exemple, courants islamistes, rêvant de restaurer un âge d'or pré-occidental). À la fin des années 1990, émergent des mouvements dits anti-mondialisation, coalitions hétéroclites condamnant en vrac la libéralisation des échanges, la toute-puissance des multinationales et le caractère technocratique des règles internationales, et contribuant notamment à bloquer le lancement d'un nouveau cycle de négociations commerciales mondiales (échec de la Conférence de Seattle en décembre 1999). Mais ces mouvements veulent-ils plus ou moins de mondialisation ? En revendiquant la mise en œuvre de la taxe Tobin – qui frapperait tous les mouvements de capitaux à court terme –, ne réclament-ils pas un renforcement des dispositifs mondiaux ?

Quant au terrorisme, il peut être nourri par la mondialisation : non seulement celle-ci amplifie, systématise les comparaisons (entre niveaux de vie, entre sociétés) et excite les frustrations, mais encore elle contracte les distances. Le New-Yorkais et l'Afghan, d'habitants de deux planètes sans contact, se retrouvent dans le même village, tout en gardant leurs spécificités.

4. **Le bricolage, le métissage.** – Toute religion, toute philosophie, toute idéologie est un bricolage, combinaison plus ou moins originale, plus ou moins remarquable de concepts, d'images, d'histoires puisés dans les croyances ou les pensées antérieures. La mondialisation, en multipliant les contacts entre les hommes, entre les sociétés, stimule décomposition et recomposition de ces constructions.

Ainsi les populations colonisées se convertissent-elles ou plutôt sont-elles converties à la religion de leur maître. Dans le sillage de cette soumission, dans le brassage des populations qui l'accompagne (ainsi les esclaves noirs amenés d'Afrique en Amérique et n'emportant avec eux que ce qu'ils peuvent garder dans leur tête), s'élaborent des cultes, des syncrétismes. L'imaginaire des colonisés, broyé par les colonisateurs, se soumet aux représentations de ces derniers mais aussi les travaille et se les approprie.

La mondialisation, sur fond d'effondrement des communismes et d'échec des tiers-mondismes, ne se dissocie pas du triomphe des idées occidentales : individualisme, démocratie, économie de marché... Mais toute pensée unique appelle son détournement, sa subversion.

Chapitre III

LES ACTEURS
DE LA MONDIALISATION

Est acteur toute entité – individu mais aussi entreprise, église, État... – élaborant, exprimant et traduisant en actes des intentions ; de ce point de vue, toute personne morale implique des règles, des mécanismes lui permettant de formuler une volonté, celle-ci étant présentée, incarnée par un chef, un président.

Pour ces acteurs, la mondialisation, impose un environnement en mouvement perpétuel. Cet environnement se caractérise, d'abord, par une bousculade d'informations, chacun se livrant alors à un jeu sans fin de comparaisons (par exemple, entrepreneur comparant les coûts de main-d'œuvre, opérateur financier les monnaies et les titres, État la productivité de son économie à celle des autres États...). Il y a ensuite la diversité, la flexibilité des flux, les uns (notamment les entreprises) exploitant, par la mobilité, ces possibilités, les autres (d'abord les États) enracinés dans un espace et confrontés au déplacement permanent des circuits. Enfin, même si subsistent des barrières de toutes sortes (d'abord les frontières entre les États), la Terre entière constitue bien un espace, qui doit être pensé comme unique, l'ordre économique, financier, politique pouvant à la limite être perturbé à partir de n'importe quel coin de la planète (ainsi territoires offrant justement l'avantage d'être des lieux hors la loi : paradis fiscaux, États-poubelles, narco-États).

Quatre principaux types d'acteurs à la fois sont transformés par la mondialisation et se servent d'elle pour leurs buts propres : **les individus, les entreprises, les États et les mouvements transnationaux.**

I. – Les individus

À l'aube du XIXe siècle, le juriste Portalis, présentant le Code civil, évoque « la liberté naturelle qu'ont les hommes de chercher le bonheur partout où ils croient le trouver [...] le genre humain ne forme qu'une grande famille ; mais la trop grande étendue de cette famille l'a obligée de se séparer en différentes sociétés, qui ont pris le nom de peuples, de nations, d'États... » La mondialisation permettrait-elle aux individus de disposer concrètement du droit fondamental de s'installer et de vivre là où, à leurs yeux, ils peuvent le mieux s'épanouir ?

Mais la mondialisation n'est que contradictions.

1. **Le déracinement.** – Pour l'individu, la mondialisation, indissociable de la modernité occidentale, de l'urbanisation et de l'industrialisation, entraîne l'arrachement. La pénétration des coins les plus perdus par les réseaux de la mondialisation contraint leurs habitants à bouger : du fait de l'amélioration de la santé, les populations augmentent ; avec l'accroissement des rendements, beaucoup de bras deviennent superflus ; les produits, les sons, les images venus d'ailleurs suggèrent des mondes lointains et excitants.

L'individu mondialisé est déraciné. C'est le paysan chinois, désormais en surnombre, chassé par la modernisation accélérée des campagnes, et échouant dans les gares des monstrueuses agglomérations. C'est le voyou de Rio de Janeiro ou de Bogota, vivant du trafic de drogue, et étant ainsi le maillon de l'un des innombrables maillages de la mondialisation. C'est l'enfant prostitué de Bangkok, ayant pour clients de très honorables Européens déversés par les charters du tourisme du sexe.

2. **La solitude et les communautés mouvantes.** – L'individu mondialisé n'est que l'accomplissement extrême de l'homme occidental, seul et libre, détaché de tous les liens hérités et n'ayant que ceux qu'il a forgés lui-même. Les communautés implantées dans un espace, façonnées par le temps – la famille (dans ses formes classiques), le village, le bourg, l'entreprise familiale... – sont remplacées par des associations fonctionnelles (firmes mais aussi filières de migration), instables (bandes, sociétés constituées par des personnels expatriés).

D'un côté, l'individu peut se croire pleinement indépendant : il n'appartient plus au groupe ; il le choisit et, s'il le souhaite, le quitte. De l'autre côté, dans cette foule solitaire (selon la formule du sociologue américain David Riesman), être d'un groupe peut assurer la survie (ainsi pour les adolescents abandonnés des proliférations urbaines) ou fournir un formidable point d'appui (ainsi les diasporas, offrant à leurs membres un réseau vivant, des lieux d'accueil et d'apprentissage).

3. **L'apatride, figure clé de la mondialisation.** – Dans le monde actuel, partagé entre des États souverains, c'est la nationalité qui donne, selon la formule de la philosophe germano-américaine Hannah Arendt, « le droit d'avoir des droits ». Sans ce lien avec un État, l'individu, dépourvu de protecteur, n'a plus de droits, ni même d'identité ; il est supporté, toléré ; il ne peut rien exiger, il ne peut que quémander. Or, toujours selon Arendt, cette personne déplacée, cet apatride est la figure emblématique du XXe siècle. Aujourd'hui bousculé, entassé dans des camps, l'exilé, le réfugié ne serait-il pas le héros de la

mondialisation, ne trouvant pas sa place dans une terre divisée par les frontières, mais porteur d'une citoyenneté universelle ?

II. – Les entreprises

L'internationalisation des entreprises est aussi ancienne que l'échange. La mondialisation prolonge, approfondit cette internationalisation, mais, pour les entreprises, que représente-t-elle de neuf ?

1. L'avènement d'un espace mondial de compétition.

– De l'automobile à l'agro-alimentaire, de l'aéronautique aux télécommunications, des transports aériens au tourisme, toute grande entreprise se trouve contrainte de raisonner à partir de la demande et de l'offre mondiales, de leurs perspectives d'évolution.

La *demande* se déplace, s'élargit. Si les marchés des pays riches paraissent saturés, l'Asie d'abord et, surtout, l'Amérique latine à un moindre degré se présentent comme des gisements extraordinaires de consommateurs. Ainsi la bouteille d'eau minérale, l'automobile, le téléphone, attributs des classes moyennes occidentales, se mondialisent-ils... En outre, ces *nouveaux consommateurs*, loin d'être des imitateurs passifs, sont avides d'acquérir ce qu'il y a de plus sophistiqué (par exemple, succès du téléphone portable dans les Nouveaux Pays industriels – NPI). Cette poursuite frénétique du bien-être individuel, revanche contre des siècles de misère et d'oppression, entraîne des besoins considérables d'équipements collectifs (routes, aménagements urbains, aéroports...).

Le client de plus en plus sollicité fait monter les enchères, en exigeant d'assurer une partie de la fabrication, de bénéficier d'un partage du savoir ou même en posant des conditions politiques (ainsi la Chine mettant en concurrence les pays occidentaux et laissant entendre qu'elle privilégierait ceux qui ne l'interrogeraient pas sur son respect des droits de l'homme).

L'*offre,* elle aussi, se mondialise. Des industries glissent hors de l'orbite occidentale : certes le textile, la sidérurgie mais aussi une branche aussi symbolique que l'automobile, source majeure d'emploi et signe de prospérité à l'époque des Trente Glorieuses. Pour les pays d'Asie, qui multiplient les projets grandioses dans ce secteur (souvent avec la coopération des grandes entreprises occidentales, anxieuses de ne pas laisser échapper des milliards de consommateurs), fabriquer des voitures, n'est-ce pas égaler puis battre l'Occident ?

2. La Terre entière comme espace de déploiement des entreprises. – Effondrement des prix de transport, souci d'abaissement des coûts de main-d'œuvre, impératif d'adaptation immédiate et constante aux variations de la demande, tout pousse les entreprises à ignorer les distances, à exploiter toutes les occasions, à faire sans cesse évoluer leurs réseaux, de la matière première au consommateur final.

L'évolution des *flux d'investissements internationaux* met bien en lumière la dynamique complexe de mondialisation. Dans les années 1980, ces flux progressent très fortement, se développant essentiellement au sein de la triade (Amérique du nord, Europe occidentale, Japon) ; il s'agit, pour les multinationales de cet ensemble, de consolider, d'accroître leurs positions au sein de cet espace sous le choc de plusieurs mutations (révolutions de l'informatique et des télécommunications ; restructurations profondes des entreprises ; constitution de vastes zones d'échanges – achèvement du marché unique de la Communauté européenne, Association de libre-échange nord-américaine...). À partir des années 1990, la partie cesse d'être exclusivement occidentale et se mondialise : poussée des pays asiatiques développés ; retour en force des firmes américaines...

La mondialisation implique en permanence des *délocalisations,* transferts par les entreprises d'activités vers des zones à plus bas coût de production. Ce phénomène n'est pas nouveau ; il s'inscrit dans la dynamique capitaliste de division internationale du travail, poussant les multinationales à exploiter les avantages comparatifs dont chaque pays dispose. Depuis les années 1970, de nombreux facteurs se cumulent pour amplifier considérablement les délocalisations : réduction des barrières aux investissements étrangers ; facilité des transports et écroulement de leurs prix ; entrée dans les circuits internationaux de régions jusqu'alors en marge (péninsule Ibérique, Asie maritime, Chine et, à la suite de la chute du bloc soviétique, anciens pays de l'Est) ; mutations de l'informatique et des télécommunications contribuant, elles aussi, à la contraction des distances ; enfin, part écrasante de l'immatériel – recherche-développement, marketing... – dans la valeur d'un bien manufacturé.

La mondialisation appelle des *firmes-réseaux.* Celles-ci tendent à n'être plus que des centres d'impulsion et de distribution, externalisant tout ce qui ne constitue pas le noyau dur de leurs compétences (ainsi l'entreprise américaine d'articles de sport *Nike* faisant appel à une quarantaine de sous-traitants, principalement en Asie). Dans ce système, tout lien (par exemple, entre une marque de vêtements et ses fabricants) est précaire, soumis à une négociation permanente.

3. **La mondialisation des entreprises, une réalité encore très limitée.** – Le poids des multinationales dans l'économie mondiale donne lieu à des évaluations très

approximatives (selon la Conférence des Nations Unies pour le commerce et le développement – CNUCED –, les 300 premières entreprises mondiales – en très grande majorité occidentales – disposeraient d'un quart des ressources productives mondiales).

La quasi-totalité de ces multinationales et d'abord le gros de leurs propriétaires, leurs enceintes de direction restent enracinées dans une nation. De plus, le facteur géographique subsiste : la plupart de ces entreprises travaillent et vendent dans leur région, réalisant plus de la moitié de leur chiffre d'affaires sur leur marché intérieur. La globalisation est hérissée d'obstacles, de risques : tout simplement l'éloignement ; les barrières officielles... et officieuses ; les différences de cultures. L'échec est souvent au rendez-vous. La globalisation exige des entreprises qu'elles soient des caméléons : américaines aux États-Unis, japonaises au Japon, françaises en France... Mac Donald's, société de restauration créée aux États-Unis en avril 1955, est l'une des rares entreprises globales, offrant, dans tous ses restaurants (en 2000, plus de 20 000 dans une centaine de pays, soit 40 millions de clients par jour), les mêmes spécialités (non sans adaptations subtiles aux goûts locaux). Mac Donald's peut être présenté comme une fédération, chaque établissement étant indépendant mais passant avec la maison mère un contrat aux obligations très contraignantes.

D'un côté, il y a bien mondialisation des marchés : les entreprises, d'abord dans les secteurs où l'innovation réclame des investissements de plus en plus lourds et risqués, doivent atteindre de plus en plus de consommateurs ; en même temps, l'enrichissement général (mais certes très inégal) de la planète multiplie le nombre de ces consommateurs (par exemple, petites et moyennes bourgeoisies et aussi classes ouvrières des Nouveaux Pays industriels – NPI). D'un autre côté, cette mondialisation n'efface pas les fragmentations tant de fait que de droit : sensibilités culturelles ; organisation des tissus économiques ; existence même des États, maîtres des marchés publics (par exemple, dans beaucoup de ces États, télécommunications, secteur stratégique dans l'ère dite postindustrielle).

III. – Les États

L'État, dans sa forme contemporaine, se fonde sur un territoire aux limites relativement fixes (frontières) ; il a la charge de la population habitant ce territoire ; enfin il est souverain, n'étant en principe soumis à aucune autorité supérieure, et étant reconnu comme tel par les autres États. La colonisation de la Terre par les puissances européennes puis la décolonisation entraînent une diffusion universelle de ce modèle institutionnel (près de 200 États se partageant aujourd'hui la quasi-totalité des terres émergées). Mais, sous cette étiquette « État », que de réalités diverses, des micro-États se constituant par effet d'imitation (océan Pacifique) aux États-continents constamment menacés d'éclatement (Russie, Chine...), des édifices multiséculaires (Japon, France...) aux structures bricolées par les colonisateurs (Amérique, Afrique) !

La mondialisation perturbe l'ensemble des fonctions de l'État et donc sa légitimité même ; mais, loin d'anéantir cet État, elle en reformule le rôle.

1. **La sécurité.** – Comme le montre le philosophe anglais Hobbes dans le *Léviathan* (1668), le fondement de l'État réside d'abord dans sa capacité à garantir la paix civile entre ceux placés sous son pouvoir et à protéger ces derniers contre tout agresseur étranger. Selon la formule du philosophe-sociologue allemand Max Weber (1864-1920), l'État moderne a *le monopole de la contrainte phy-*

sique légitime : lui seul détient le droit de faire la police à l'intérieur et la guerre à l'extérieur.

Or la mondialisation, multiplication des flux, contribue à la *porosité des frontières*. Cette porosité résulte tant de la pression physique des flux (comment, par exemple, contrôler les millions d'individus qui, chaque jour, transitent par les aéroports internationaux ?) que du choix de la quasi-totalité des États – notamment après la chute ou la mutation des régimes communistes – de s'ouvrir le plus possible à ces flux (de produits, de touristes, d'investissements, d'idées), sans l'apport desquels il ne saurait y avoir d'enrichissement. Or la plus parfaite des sécurités ne requiert-elle pas la fermeture hermétique de l'espace national, celui-ci étant alors à l'abri de toute pollution (drogues, armes, pensées subversives...) ? Mais se clore, n'est-ce pas se condamner à l'appauvrissement, au sous-développement ? L'État reste responsable de la sûreté du territoire mais en a-t-il encore les moyens ?

Par ailleurs, la mondialisation ou plutôt tout ce qu'elle véhicule déstabilise de manière désordonnée la *mission de défense nationale*. Sur une Terre désormais partagée entre des États en principe souverains, égaux et bénéficiant de la légitimité populaire, toute entreprise de conquête n'est-elle pas vouée à la réprobation immédiate et à une punition exemplaire (ainsi, en 1990-1991, l'Irak de Saddam Hussein, s'emparant du Koweït, et se retrouvant au ban de la communauté internationale) ? De plus, tous les États, même les États-Unis, se sentent attirés dans une compétition de plus en plus sévère et, de ce fait, évaluent de plus en plus rigoureusement le fardeau de leur défense ; la protection du territoire tend à devenir secondaire par rapport à la capacité de s'adapter au jeu économique mondial. Enfin, la mondialisation implique la recherche de mécanismes de sécurité collective, ayant pour logique ultime le retrait à l'État du droit d'usage de la force et son transfert à des dispositifs internationaux (comme, par exemple, l'Organisation des Nations Unies).

2. **La législation.** – L'État souverain est également un espace indépendant de législation, celle-ci étant établie, au moins dans les démocraties, par le peuple ou par ses représentants. Cette souveraineté législative de l'État est, elle aussi, affectée par la mondialisation.

La mondialisation, multiplication des échanges, entraîne un besoin de règles de jeu – formelles ou informelles – entre les opérateurs ; ces normes sont extrêmement diverses, intervenant dès qu'il y a échange international. Certaines sont fixées directement entre des acteurs privés et parfois sont conçues pour se soustraire aux lourdeurs étatiques (ainsi, pour le règlement de litiges entre entreprises, le spectaculaire développement de l'arbitrage, afin d'échapper aux machines judiciaires nationales). Comme le montrent les cycles de négociation du GATT (Accord général sur les tarifs douaniers et le commerce, remplacé en 1995 par l'Organisation mondiale du commerce – OMC), le mouvement de libération des échanges s'accompagne d'une formidable expansion de règles internationales grignotant des domaines traditionnellement internes (par exemple, réglementations des marchés publics). Désormais, pour tout ce qui a trait à l'échange, les législations nationales tendent à être coiffées, remodelées par des accords internationaux (ce processus étant extrêmement poussé au sein de l'Union européenne, laboratoire de la coopération internationale, impliquant, dans ses champs de compétence, une subordination des droits nationaux au droit européen).

La mondialisation met en concurrence entreprises, individus, mais aussi États. Pour ceux-ci, les flux de la mondialisation (tourisme, investissements des multinationales...) constituent une condition majeure de leur en-richissement ; il est vital de les attirer. Cette priorité con-traint les États, surtout ceux ayant atteint un niveau comparable de développement, à se comparer sans cesse, chacun étant conscient que, s'il offre des conditions moins favorables que les autres (dans sa législation, sa fiscalité, ses infrastructures...), il décourage la venue de ces flux et ainsi se pénalise lui-même. Ce qui détermine alors la législation, c'est finalement moins la volonté du peuple que l'impératif d'adaptation permanente à la concurrence internationale. De plus, tout État, soucieux d'être inséré dans ces flux, doit prouver à l'extérieur qu'il est sûr, stable, à l'abri de bouleversement grave. Cet État est donc soumis à une surveillance constante. En étant en conformité avec la loi internationale, il rassure.

3. **La solidarité.** – L'État, sous sa forme d'État-providence s'épanouissant d'abord en Europe occiden-tale à l'issue de la Seconde Guerre mondiale, s'impose (interruption) à les faire fuir vers quelque paradis fiscal. De l'autre côté, la première mission de l'État n'est-elle pas de préserver cette solidarité, surtout au moment où l'impact de la mondialisation déchire le tissu national entre une poignée de zones privilégiées, emportées par le mouvement général, et le reste du territoire ? Cette con-tradiction exalte les rêves sécessionnistes : après Singa-pour, né en 1965 d'une sécession d'avec la Malaisie, modèle d'adaptation permanente à la mondialisation, pourquoi pas une Catalogne, une Lombardie, une Écosse indépendantes, débarrassées du fardeau de l'Es-pagne, de l'Italie, du Royaume-Uni ? Mais ces régions-États ne se transformeront-elles pas bientôt en forteres-ses assiégées par la pauvreté planétaire ?

Cette déstabilisation des responsabilités de l'État par la mondialisation se produit dans le sillage de leur formidable développement. Le XXᵉ siècle à la fois fait triompher l'État, en lui confiant la quasi-totalité de la vie humaine (santé, éducation, travail...), et le bouscule sous le choc des interdépendances.

D'un côté, l'État se trouve désacralisé. Pour l'individu ou l'entreprise, il n'est plus le protecteur incontesté, fournissant au premier tous ses droits, assurant à la seconde son marché. L'individu, s'il reçoit toujours de l'État le premier élément de son identité, sa nationalité, voyage, compare, parfois émigre. Déjà en Europe occidentale, l'un des laboratoires de la modernité, cet individu peut mettre en cause son État devant des juridictions internationales (Cour européenne des droits de l'homme, Cour de justice de la Communauté européenne). Le patriotisme, confiance aveugle, acceptation du sacrifice suprême, reste-t-il la religion qu'il fut lors des deux guerres mondiales ? Quant aux relations entre entreprises et États, elles sont transformées par la généralisation de la concurrence : les entreprises dites nationales ne peuvent plus espérer de leur État un espace protégé, des capitaux non rémunérés, et sont vouées à être privatisées ; les marchés publics s'ouvrent, notamment parce que les États, eux aussi, doivent être rentables et sont en compétition les uns avec les autres.

De l'autre côté, l'État reste le refuge, le protecteur, ne serait-ce que parce qu'aucune structure ne le concurrence : l'entreprise n'offre à l'individu au mieux qu'un emploi ; les organisations internationales soit sont des associations d'États (organisations intergouvernementales ou plus exactement interétatiques), soit n'agissent normalement qu'avec le consentement de l'État (organisations non gouvernementales – ONG). Pour la plupart des communautés opprimées (des Juifs espérant échapper à la persécution en se bâtissant un État – sionisme – aux Palestiniens revendiquant leur État tant face à Israël que face à leurs frères arabes), l'État souverain représente finalement le meilleur des remparts.

La mondialisation affecte la *légitimité* de l'État par le haut et par le bas. Les lois de l'État étant de plus en plus prises dans un magma de contraintes et de règles internationales, formelles et informelles, que signifie le vote du peuple ? Les éléments composants de l'État – individus, groupes, entreprises, régions... – soit attendent de cet État qu'il les protège du chaos de la mondialisation, soit sont tentés de s'en émanciper (par l'émigration, l'internationalisation, la sécession...) ou tout au moins d'en brandir la menace. Dans les deux cas, l'État n'est plus une entité respectée, appelant obéissance et sacrifice, mais le lieu d'une négociation permanente, chacun mesurant âprement ce qu'il donne à l'État et ce qu'il en reçoit.

IV. – **Les mouvements transnationaux**

La mondialisation appelle la multiplication d'acteurs transnationaux. Ceux-ci ne sont pas nouveaux (ainsi les églises – du catholicisme au communisme – ayant pour ambition de convertir à leur foi toute l'humanité). Cependant l'ère de la mondialisation combine trois spécificités : le développement des opinions publiques, certes d'abord nationales, mais se répondant, s'enchevêtrant de plus en plus ; la densité, la rapidité des réseaux d'information et de communication – avec, depuis les années 1990, l'explosion d'Internet, créé en 1969 aux États-Unis (avec un but alors très circonscrit : connecter dans un réseau commun tous les ordinateurs travaillant pour la Défense américaine), et maintenant reliant des dizaines de millions d'ordinateurs (le nombre des utilisateurs augmentant de 10 % par mois) ; enfin, des enjeux (de l'environnement aux droits de l'homme), suscitant des solidarités, des mobilisations transnationales. La mondialisation, c'est aussi l'établissement d'une scène publique mondiale. À l'aube du XXᵉ siècle, il existe déjà près de 180 ONG (et près de 40 organisations intergouvernementales – OIG). En 1960, les premières sont au nombre de 1 255 ; les secondes, de 154. En 2000, les premières tournent autour de 5 000, les secondes de 300.

1. **Des mouvements d'initiative occidentale (souvent britannique), portés par une résonance mondiale.** – C'est par exemple, en 1961, la création, par le Britannique Peter Benenson, d'*Amnesty International*. Ce mouvement se veut adapté à la réalité volatile, contradictoire qu'est l'opinion publique internationale : il ne s'agit pas de changer les régimes politiques, mais d' « adopter » des prisonniers politiques, qui acquièrent ainsi « une autre citoyenneté, celle que lui confère la conscience universelle. Ailleurs, quelque part, on sait. » *Amnesty* a plus d'un million de membres, provenant de plus de 150 pays. Cette organisation exprime bien l'ébauche d'une conscience planétaire, d'une instance morale, pouvant « faire honte aux États, en [se] basant sur les principes de moralité, sur les instruments et traités internationaux que ces États ont signés, en montrant qu'ils ne respectent pas leurs propres engagements et qu'il y a une moralité de la civilisation internationale [...] qui fait que certains actes ne sont plus acceptables ».

Les *French doctors (Médecins sans frontières, Médecins du monde)* sont d'autres représentants du civisme planétaire. Ici aussi, le point de départ est circonstanciel : la guerre du Biafra (1967-1970) et l'engagement d'une poignée de médecins français indignés de l'abandon où est laissé le peuple biafrais, en lutte avec le Nigeria dont il a fait sécession. Ici également, se produit quelque chose d'irréversible ou au moins de quasiment irréversible : la reconnaissance puis, à partir de la fin des années 1980, la consécration, dans des résolutions de l'Organisation des Nations Unies, d'un droit d' « assistance humanitaire aux victimes des catastrophes naturelles et situations d'urgence du même ordre » (notamment résolution 43/131 adoptée par l'Assemblée générale le 8 décembre 1988).

De même, depuis le début des années 1970, les problèmes d'environnement, de surexploitation de la nature par une humanité de plus en plus nombreuse et consommatrice de ressources, suscitent une multiplication de revendications tant particulières (oppositions à tels ou tels projets dégradant les paysages) que générales (ainsi débats autour d'un développement économique « durable » ou « soutenable »). L'écologie fait partie de ces questions immédiatement mondialisées, car impliquant simultanément tous les niveaux de responsabilité (individuel, local, national, régional, mondial). La prise de conscience écologiste, d'abord occidentale (les sociétés de consommation, rassasiées, gavées, admettant plus ou moins de devenir plus économes), est désormais mondiale : il n'est guère de pays qui ne souffre d'érosion des sols, de gaspillage de l'eau, de catastrophe industrielle, et qui ne suscite de réaction de défense de l'environnement ; de plus, du commerce des bois tropicaux aux trafics de déchets, autant d'échanges opposant Nord et Sud mais aussi leur montrant qu'ils appartiennent à un même système !

2. Une prise de parole multiforme. – Ces mouvements transnationaux expriment bien la formation confuse d'une société mondiale, d'une humanité non seulement se reconnaissant dans les mêmes valeurs (n'existent-elles pas, dans une certaine mesure, depuis la première main tendue d'un homme à un autre ?) mais surtout ayant conscience d'appartenir à une même histoire, de partager les mêmes problèmes. La mondialisation attire les histoires particulières, tant collectives qu'individuelles, dans le flot d'une histoire unique, celle de la Terre mondialisée. La mise en contact massive, systématique des sociétés à la fois met en lumière leurs écarts de développement, de richesse et, les amène à se poser les mêmes questions.

Nombre d'enjeux, nés dans et de la modernité occidentale, prennent une résonance mondiale (par exemple, condition de la femme, urbanisation, criminalité, gestion de l'environnement). À l'inverse, ce qui vient des cultures non occidentales, ne bénéficiant pas de la prééminence écrasante de l'Occident, se faufile dans les flux mondiaux par des voies cachées, éparpillées, parfois tortueuses (ainsi les musiques, les spiritualités métissées, recyclées de mille manières, certaines peu innocentes – sectes bricolant les religions). D'où des allées et venues incessantes entre les différents niveaux (local, national, mondial) de constitution des opinions.

Ces mouvements transnationaux contribuent à l'apparition d'enceintes mondiales. Si les acteurs centraux de ces forums restent les États, se joignent à eux des structures imbriquant opinions nationales et opinion mondiale : associations de défense de telle ou telle catégorie, de tels ou tels droits ; représentants des peuples indigènes ou sans État (environ 300 millions de personnes dans le monde)... Des *Conférences mondiales* ou *Sommets mondiaux* se multiplient sur les grands problèmes de sociétés : enfance ; environnement et développement ; droits de l'homme ; population et développement ; crime organisé ; développement social ; femmes ; habitat... Ainsi s'épanouissent des formes de protestation mondiale (mouvements dits anti-mondialisation, exploitant à plein les possibilités offertes par les techniques de communication, et notamment par Internet). Ces phénomènes ébauchent une démocratie mondiale sauvage, dénonçant le triomphe de l'économisme, et revendiquant peut-être des mécanismes démocratiques mondiaux (en clair, l'association des ONG à la mise au point des règles internationales). Mais quelle est la légitimité démocratique de ces ONG (quelques millions d'individus sur une Terre de six milliards d'habitants) ?

3. **Des États sous surveillance.** – La surveillance, à laquelle se trouvent soumis les États, est multiforme ; elle est le fait certes des ONG mais aussi des investisseurs, des opérateurs sur les marchés, des touristes – bref de tous ceux qui, sans cesse, font des comparaisons entre les États, entre leurs monnaies, entre leurs degrés de stabilité et de sécurité, entre leurs sens de l'accueil. Les États, soucieux de se montrer de bons élèves afin de ne pas être boudés par les flux de la mondialisation, prennent des engagements au moins déclaratoires. D'où des interactions permanentes entre les États et la multitude d'acteurs extérieurs, les premiers devant rassurer, séduire les seconds, ces derniers étant prompts à s'affoler sous la bousculade des rumeurs.

Chapitre IV

LES CONFLITS
DE LA MONDIALISATION

La mondialisation fait de la Terre une scène unique. Ce rapprochement des cultures, des hommes les inscrit dans des jeux de comparaison, d'imitation, de compétition et aussi de coopération. La mondialisation multiplie les frustrations, chacun sachant ou croyant savoir ce que l'autre a et disposant, semble-t-il, grâce à l'intensification des flux, de formidables possibilités de s'en rapprocher et peut-être de s'en emparer ; la radio, la télévision, l'avion ne paraissent-ils pas mettre les sociétés riches à portée de la main des pauvres ? La mondialisation dissout les interdits, les privilèges, les hiérarchies. En même temps, la Terre est occupée, partagée, barricadée de frontières. Ces données résultent de longues histoires, que la mondialisation n'abolit pas. Comme l'illustrent, parmi beaucoup d'autres exemples, l'ex-Yougoslavie ou le Caucase, les conflits pluriséculaires entre communautés, entre peuples sont toujours là.

Beaucoup de conflits de la mondialisation ne sont pas neufs, mais ils sont amplifiés, reformulés, se répétant presque à l'identique aux niveaux mondial, régional, national, local. Mais la mondialisation, en consacrant la Terre comme un espace fini, en liant plus ou moins la survie de l'humanité à l'acceptation d'un destin commun, suscite bien des conflits nouveaux : Quelle gestion planétaire des ressources ? Quelle unité de valeurs ? Certains de ces **conflits** de la mondialisation sont **à dominante économique** ; d'autres, **à dominante politique**.

I. – Les conflits à dominante économique

1. Conflits entre ceux qui ont et ceux qui n'ont pas. – Des révoltes d'esclaves aux innombrables jacqueries, les luttes entre ceux qui ont et ceux qui n'ont pas sont une des constantes de l'histoire humaine. Karl Marx en fait même le moteur de la transformation des sociétés. Par ailleurs, la révolution industrielle, à partir de la fin du XVIIIe siècle, change progressivement mais radicalement le mode de pensée de l'humanité : le progrès technique fait que les ressources, de finies, deviennent infinies ou au moins sont perçues comme telles. Grâce à la croissance économique, les hommes ne se disputeront plus une richesse limitée mais se partageront un surplus sans cesse renouvelé. Avec la mondialisation, cette logique, d'occidentale, s'universalise.

Pour ceux qui n'ont pas, la misère cesse d'être une fatalité, à laquelle l'on se résigne. L'explosion démographique, la conscience confuse qu'il est possible d'échapper à la pauvreté rendent pressante l'exigence de développement. Les liens et les équilibres, forgés dans la permanence du village, sont malmenés, refaçonnés par l'urbanisation : ils perdent leur éternité, leur sacralité ; ils sont instrumentalisés (ainsi les communautés, les ethnies constituant des filières contrôlant les emplois de tel ou tel secteur). Les sociétés du Tiers Monde sont attirées dans la compétition mondiale.

Une minorité entre dans le jeu. C'est surtout, à la fin du XXe siècle, l'Asie maritime. Volonté de revanche contre l'Occident qui l'a humiliée et dominée ? Avidité à se libérer d'une misère millénaire ? Pour au moins les États se qualifiant encore de communistes en ces années 1990 (Chine, Vietnam), rejet violent, notamment par la jeunesse, d'un carcan idéologique et politique étouffant et de plus en plus hypocrite et fascination pour le bonheur à l'occidentale ?

Dans le monde en développement, une cassure se fait entre ceux qui n'ont pas et qui sentent qu'ils peuvent avoir et l'énorme masse de ceux qui n'ont pas et n'auront pas. Les premiers, poussés par leur croissance économique, bousculent les pays riches, établis, en se plaçant dans les secteurs (textiles, sidérurgie, chantiers navals, mais aussi automobile, électronique, services informatiques) où ils exploitent à plein deux atouts : leur main-d'œuvre à bon marché ; l'utilisation de techniques amorties et donc peu chères. Quant aux seconds, ceux qui n'arrivent pas à se glisser dans cette compétition, ils accèdent aux circuits de la mondialisation par l'exportation des produits bruts, l'endettement et l'aide.

La mondialisation met ceux qui ont, les pays riches, occidentaux, devant un enchaînement de dilemmes. En premier lieu, ils ne sauraient que soutenir le développement des pays pauvres ; ces derniers suivent la voie ouverte par l'Occident et, par leur enrichissement, offrent aux multinationales des marchés à croissance très rapide. Mais, en même temps, ces pays, en se développant, concurrencent d'abord les vieux pays industriels dans les branches les plus vulnérables, celles qui employaient beaucoup de travailleurs peu qualifiés et très difficiles à reconvertir.

L'une des dimensions majeures de la mondialisation, de la libération des échanges réside dans la mise en concurrence d'économies très inégalement développées, les écarts de coût du travail entre pays les plus riches et pays les plus pauvres pouvant être de 1 à 10 ou même à 50 (au début des années 1990, coût horaire total d'un ouvrier : 25 $ en Allemagne ; 16 aux États-Unis ; 5 en Corée du Sud ; 1,40 en Pologne ; un demi-dollar ou moins en Chine ou en Inde). D'où les dénonciations d'une compétition déloyale entre travailleurs des uns et des autres, des délocalisations par lesquelles les multinationales des pays développés transfèrent leurs fabrications vers les pays à bas salaires et détruisent de nombreux emplois dans ceux bénéficiant d'une protection sociale forte.

Pour la théorie économique libérale, la suppression des obstacles aux échanges promeut la division internationale du travail : chacun est ainsi en mesure de produire ce pour quoi, à un moment donné, il est le plus doué par rapport aux autres (principe des avantages comparatifs). Dans cette perspective, les délocalisations vont de soi, exploitant l'avantage qu'offrent les moins développés : une main-d'œuvre abondante et peu chère. La mondialisation est-elle source de chômage ?

Mais cette représentation suppose un monde parfait, dans lequel les hommes s'adaptent sans peine aux évolutions techniques, les économies les plus développées renoncent aisément aux secteurs anciens et leur substituent des activités de plus en plus sophistiquées. Les faits sont beaucoup plus chaotiques et douloureux : par exemple aujourd'hui, alors que de nouveaux pays industriels se placent dans l'automobile (en particulier, Corée du Sud), cette industrie continue d'être essentielle dans la plupart des vieux pays industriels. En outre, cette mise en concurrence d'économies inégalement développées se produit au moment même où ces pays industriels sont aspirés dans une nouvelle ère technique, entraînant notamment une réduction massive des emplois industriels.

Dans ces conditions, la mondialisation est-elle la cause du chômage ? N'est-elle pas un mot passe-partout, n'expliquant finalement rien ? Les pays occidentaux continuent de réaliser entre eux le gros de leur commerce et de leurs investissements extérieurs. Et, surtout, si les importations par le nord de biens manufacturés du Sud augmentent considérablement, leur poids dans la consommation des pays riches reste encore modeste (aux

États-Unis en 1990, 11 % de la totalité des biens manufacturés consommés – 5 % en 1978). À l'inverse, pour les multinationales, le Sud et principalement l'Asie maritime constituent des eldorados : des centaines de millions de consommateurs, avides de tout, et bénéficiant d'un pouvoir d'achat en croissance très rapide. À cet égard, la compétition la plus âpre se déroule entre ces groupes occidentaux énormes et fragiles, convaincus que leur survie dépend de leur capacité à s'implanter sur ces marchés.

Avoir, posséder représente toujours une contrainte, un handicap : il s'agit de protéger ce que l'on a, tout en sachant que l'autre – celui qui n'a pas – ne peut qu'être tenté de dérober ce dont il est privé, cette privation excitant le plus souvent un sentiment d'injustice.

La propriété intellectuelle illustre l'un des conflits typiques de la mondialisation entre ceux qui ont et ceux qui n'ont pas.

D'un côté, pour les pays riches, inventions, brevets constituent le cœur de leur prospérité, ce qui assure leur avance dans la compétition mondiale. Ces pays réalisent encore plus de 95 % des dépenses de recherche et développement. Les secteurs très inventifs sont à la fois prestigieux et fragiles (ainsi les industries du luxe – parfums, haute couture...) et ne vivent que par leurs styles, leurs marques. Enfin, ces pays riches sont à l'origine des systèmes de protection des connaissances.

De l'autre côté, pour des pays en développement, la copie, le piratage fournissent des modes faciles d'enrichissement (grâce, en particulier, aux touristes des nations développées, ravis d'acheter des contrefaçons, qui leur permettront de briller à bon marché). Ces pays peuvent se persuader que, face à un marché mondial tenu par les multinationales occidentales et à des règles mises au point par les nations riches, il est légitime de tricher pour obtenir une place au soleil.

Cette opposition provoque des bras-de-fer répétés entre Nord et Sud. Il est significatif que l'un des grands enjeux de la dernière négociation du GATT (cycle de l'Uruguay ou *Uruguay Round*, 1986-1994) ait été la propriété intellectuelle ; pour les pays occidentaux, sentant la concurrence des Nouveaux Pays industrialisés s'amplifier et se durcir, il est vital d'obtenir de ces derniers un meilleur respect de cette propriété. Par ailleurs, cette question déclenche des crises bilatérales. Dans les années 1990, éclatent plusieurs batailles des copyrights entre les États-Unis et la Chine, les premiers mettant en cause la seconde pour la fabrication clandestine de disques compact et de cassettes vidéo et donc le non-paiement des droits d'auteur.

2. **Conflits entre ceux qui s'insèrent et ceux qui ne s'insèrent pas.** – La mondialisation est une dynamique profondément inégalisatrice. L'enrichissement tend à se concentrer dans quelques pôles – des mégapoles –, bénéficiant d'une forte croissance, notamment parce qu'ils sont des composantes, des carrefours de vastes réseaux : par exemple, Londres, Paris, la Catalogne... Ces zones sont souvent à cheval sur une frontière, exploitant justement les écarts économiques entre les territoires limitrophes – ainsi la région San Diego (États-Unis) – Tijuana (Mexique) ou l'ensemble Hong-kong - Shenzen - Guangzhou (Canton).

« Métropolisation et remontée des inégalités spatiales : ces deux tendances lourdes... » (Pierre Veltz, *Mondialisation, villes et territoires, l'économie d'archipel*, PUF, 1996, p. 47) touchent tous les pays industriels : d'immenses zones régressent, se désertifient ; quant aux zones de prospérité, ce ne seraient plus que des îlots – « l'archipel » –, branchés sur les circuits mondiaux.

Il en résulte, en premier lieu, des tensions à l'intérieur des sociétés. Les inégalités sociales, géographiques ne sont certes pas nouvelles, mais elles sont considérablement avivées, durcies par la compétition internationale. Ainsi s'opposeraient les secteurs soumis à cette compétition et les secteurs abrités (d'abord et surtout les fonctions liées à l'État : administration, défense, éducation...), les premiers créant la richesse, subissant le choc de la concurrence et se convaincant, en outre, d'assumer seuls le fardeau des charges collectives. Pour les uns, tous les risques ; pour les autres, une assistance garantie.

De telles tensions à la fois opposent des catégories de population (secteur public contre secteur privé) et aussi traversent toutes les couches sociales : élites, ouvriers, employés... Ainsi, au sein des élites, se dessinent des fêlures entre celles, tirant leur revenu et leur légitimité de leur adaptation à la mondialisation (cadres de multinationales), et celles enracinées dans un cadre national (politiciens, hauts fonctionnaires...).

La mondialisation est-elle un agent de fragmentation des entités politiques ? Les tensions qu'elle exaspère entre régions s'insérant dans ses flux et régions marginalisées peuvent-elles conduire à l'éclatement d'États, les premières considérant qu'elles n'ont pas à financer l'incapacité des secondes à s'adapter, les secondes préférant finalement vivre mal par elles-mêmes plutôt que de se trouver en position de perpétuelles quémandeuses ? Dans un monde divisé par des barrières douanières élevées, le marché se confond avec le cadre étatique ; à l'inverse l'abaissement ou la disparition de ces barrières créent des marchés transnationaux et des régions petites ou moyennes peuvent penser que, seules, dissociées de l'État qui les coiffe, elles se débrouilleront mieux.

Durant les années 1990, plusieurs États se cassent d'abord en Europe : Union soviétique, Yougoslavie,

Tchécoslovaquie. De même que d'États travaillés par des revendications sécessionnistes : Belgique (Flandres et Wallonie), Royaume-Uni (Écosse), Italie (Italie du Nord), Canada (Québec)... D'un côté, il y a ceux qui, fascinés par Singapour ou Hong-kong, sont convaincus ou se convainquent qu'ils ont tout à gagner à l'indépendance, afin d'être plus mobiles face à la mondialisation : ainsi les « souverainistes » québécois, soulignant les réussites d'entreprises de la Belle Province, et affirmant que la combinaison de ces atouts économiques et de la souveraineté politique assurera la survie du Québec francophone ; de même la République tchèque, finalement ravie que l'exaltation nationaliste slovaque lui impose, le 1er janvier 1993, le divorce d'avec sa sœur orientale, si pesante à traîner avec ses industries lourdes, héritées de l'époque soviétique... De l'autre côté, les perdants (ainsi la Serbie, la Slovaquie) se réfugient dans le nationalisme, ainsi que le feront également les déçus de la mondialisation, ces régions qui, une fois indépendantes, perdront leurs illusions sur leurs capacités propres de manœuvre et regretteront peut-être de ne plus être protégés et défendus par cet État qu'elles ressentaient comme tyranniques.

En deuxième lieu, les États sont engagés dans une compétition pour l'insertion. Dans l'offre des coûts de travail les plus bas, les pays du Tiers Monde se découvrent en rivalité les uns avec les autres. Quant aux pays développés, certains reprochent à d'autres de pratiquer le *dumping* social, c'est-à-dire, afin d'attirer ou de garder des investisseurs extérieurs, de leur proposer des conditions sociales exceptionnelles, trichant avec les règles établies. Il y a là conflit entre deux attitudes face à la mondialisation : pour les uns, dont le Royaume-Uni est sans doute la plus forte incarnation, la mondialisation impose non pas d'aligner rémunérations et garanties sociales sur celles du Sud – objectif évidemment inaccessible – mais de déréglementer le plus possible, de faire sauter tout ce qui entrave la flexibilité du marché du travail ; pour les autres – notamment France, Allemagne... –, la mondialisation ne doit pas conduire à abandonner les acquis sociaux et, en particulier, déchaîner une concurrence sauvage entre des pays, dont l'une des réussites historiques majeures, à l'issue de la Seconde Guerre mondiale, est l'édification de l'État-providence.

3. Conflits autour de l'exploitation des ressources de la Terre.

– Depuis la préhistoire, les hommes se disputent âprement les richesses de la terre. De ce point de vue du contrôle des ressources, qu'apporte de neuf la mondialisation ? Elle consacre la Terre comme un monde clos, fini. Pour les hommes, il ne s'agit plus seulement de se combattre pour l'appropriation de ces ressources mais aussi de s'interroger sur les possibilités d'une exploitation globale par une humanité enfin en harmonie avec elle-même. En outre, la multiplication des hommes, le partage de la planète entre des entités souveraines soit appellent des guerres perpétuelles pour ces ressources, soit accouchent d'une gestion d'ensemble de leur exploitation.

Cette problématique des ressources est également déterminée par le progrès technique. Depuis la fin du XVIIIe siècle, la révolution industrielle entraîne une exploitation de la nature par l'homme sans commune mesure avec celle des temps préindustriels. D'abord, par l'émission massive, dans l'atmosphère, de molécules artificielles (gaz carbonique – CO_2 –, chlorofluorocarbures – CFC...), les activités humaines perturbent, semble-t-il, les équilibres naturels : l'accroissement vertigineux des quantités de CO_2, entraînant une meilleure captation des rayons solaires (renforcement de l'effet de serre), modifierait les climats, provoquant, par exemple, le relèvement du niveau des océans et donc l'inondation des deltas, où se concentrent des centaines de millions d'hommes. Par ailleurs, la combinaison de l'explosion démographique et de l'industrialisation entraîne l'exploitation systématique et la destruction souvent irréversible de ressources rares : les forêts tropicales sont dévorées tant par la poussée de paysans en quête de terre (Amazonie) que par la consommation de bois (Japon s'approvisionnant dans toute l'Asie du Sud-Est) ; de même l'augmentation des besoins en eau – en particulier au Moyen-Orient, zone menacée par une pénurie chronique – conduit à des prélèvements sur les gisements d'eau, nappes souterraines au renouvellement très lent.

Ces enjeux d'environnement suscitent des débats, des conflits à tous les niveaux, locaux, nationaux, régionaux et planétaires. Du point de vue de la mondialisation, la question est : L'humanité peut-elle, à la veille du XXIe siècle, mettre sur pied un développement global, à la fois bénéficiant à tous et laissant aux générations futures des richesses suffisantes (notion de développement durable ou soutenable) ?

Ici se forment des clivages, des conflits typiques de la mondialisation. Les pays occidentaux constituent un premier groupe : du fait de leur avancée et de leur richesse, ils restent les plus gros pollueurs de la planète, mais la maturité de leur développement les amène à prendre conscience de la nécessité d'une gestion plus rigoureuse, plus responsable de la nature ; en outre, beaucoup de leurs industries intègrent cet impératif écologique et apprennent à en tirer profit. Le deuxième groupe, qui comprend notamment les deux colosses démographiques (Chine et Inde), est celui des pays engagés dans un vigoureux processus de développement ; ce développement, considéré comme une priorité absolue, est porteur d'une formidable augmentation des pollutions, comme l'illustrent la Chine et l'Inde, détentrices d'énormes réserves en charbon qu'elles exploiteront de plus en plus, contribuant à charger encore plus l'atmosphère en molécules de CO_2. Le troisième groupe rassemble « les damnés de la terre », ces milliards de pauvres que leur nombre condamne à dégrader leur environnement (ainsi les peuples du Sahel ou des contreforts de l'Himalaya usant leur sol, brûlant leurs forêts pour survivre).

L'environnement oppose deux principes, deux droits : d'un côté, le droit au développement, le droit de chaque peuple, de chaque individu d'accéder à une existence décente ; de l'autre côté, le droit de l'humanité tout entière à un avenir sûr. Cette opposition reformule l'antagonisme permanent entre le particulier et l'universel, le particulier n'étant pas cohérent mais étant le lieu d'affrontement de perspectives contradictoires (les droits des individus, ceux des États, ceux des divers ensembles humains étant tout autant complémentaires qu'antagoniques), l'universel étant un enjeu (chacun – individus, États, mouvements transnationaux... – revendiquant sa vision de l'universel). Les affrontements de la mondialisation entremêlent deux types de conflit : d'une part, des luttes classiques entre les intérêts existants ; d'autre part, des tensions entre ces intérêts actuels (des individus, des entreprises, des États...) et les intérêts communs de l'humanité entière.

– *Les changements climatiques.* L'un des résultats majeurs du sommet de la Terre, à Rio de Janeiro, en juin 1992, est la convention sur les climats, son objectif étant de promouvoir la maîtrise des gaz renforçant l'effet de serre. Au-delà des principes, l'ampleur des intérêts en jeu fait qu'aucun accord de substance n'est possible : le plus gros consommateur d'énergie de la planète, les États-Unis, rejettent, pour des raisons électorales évidentes, ce qui serait, en ce qui les concerne, la mesure décisive : une très forte hausse du prix de l'essence ; les pays exportateurs d'hydrocarbures craignent pour leurs ventes ; le méthane, cause d'un quart du renforcement de l'effet de serre, est produit par la riziculture, l'élevage, le traitement des eaux usées – activités impliquant la vie quotidienne de millions de personnes...

Cette affaire du climat met bien en lumière l'une des difficultés centrales de la mondialisation. Tout problème mondial ne peut être dominé sans la participation sinon de tous, au moins de tous les acteurs significatifs. Or ceux-ci sont non seulement nombreux, hétérogènes mais aussi différents d'un dossier à l'autre ; de plus, la diversité de leurs niveaux de développement entraîne des perspectives différentes ou même conflictuelles. De plus, la puissance intervient également. En mars 2001, les États-Unis rejettent le Protocole de Kyoto (décembre 1997), visant à limiter les émissions de gaz à effet de serre, d'abord parce que leur poids leur permet de dire non.

– *Les forêts tropicales.* Celles-ci sont aussi l'un des enjeux de la mondialisation. Elles illustrent le lien entre mondialisation, augmentation des consommations et raccourcissement des cycles historiques : la déforestation des pays européens s'étale sur plusieurs siècles ; la moitié des forêts tropicales disparaît au cours du dernier demi-siècle. Pour les pays occidentaux, mais aussi pour les mouvements indigènes de défense de ces forêts, celles-ci doivent faire partie des « biens communs de l'humanité », de ces ressources (atmosphère, océans...) que tous les hommes ont le même intérêt à protéger ; en même temps, ces forêts sont souvent exploitées par des entreprises occidentales. Pour les pays sur le territoire desquels se trouvent ces forêts, celles-ci leur appartiennent ; elles leur procurent des recettes indispensables à leur développement. Ainsi se heurtent deux principes : celui, classique, de la souveraineté de l'État ; celui, nouveau, d'une communauté universelle, devant veiller à la préservation de la Terre.

Au sommet de Rio, les pays tirant des revenus de leurs forêts (Inde, Brésil, Indonésie et surtout Malaisie) rejettent le principe d'une convention internationale, qui les priverait de leur liberté d'exploitation. Une simple déclaration est adoptée. Ce que confirme la destruction des forêts tropicales, c'est que, dans un monde d'États souverains, en outre soumis à des pressions démographiques et économiques considérables, une discipline mondiale ne peut être imposée, elle ne peut qu'être consentie. Le sauvetage de ces forêts passe par une prise de conscience dans les États possesseurs, celle-ci se faisant en général lorsque ces États découvrent que cette richesse, qu'ils croyaient inépuisable, ne l'est pas (ainsi, dans les années 1990, la Thaïlande, traditionnellement exportatrice de bois, lance-t-elle une politique de protection ; pour remédier à la perte de revenus, elle organise le pillage méthodique des forêts de son faible voisin, le Cambodge). Par ailleurs, il y a bien ébauche d'un effort mondial de gestion des forêts tropicales, notamment par l'établissement d'incitations financières (formules d'allégement de dettes pour les pays s'engageant dans des politiques de reconstitution de leurs forêts).

II. – Les conflits à dominante politique

1. **Fin ou poursuite des conflits classiques ?** – Depuis l'aube de l'histoire, les communautés politiques ne cessent de s'affronter pour des territoires, des richesses, des croyances ou tout simplement pour la suprématie. La mondialisation signifie-t-elle, selon la formule de Hegel, reprise par Alexandre Kojève, puis, dans les années 1990, par l'Américain Francis Fukuyama, « la fin de l'His-

toire », c'est-à-dire la disparition de ces luttes entre volontés, les hommes s'installant dans la paix universelle et se consacrant à l'administration harmonieuse de la Terre ?

La mondialisation pousse l'humanité à se percevoir comme une totalité, ayant pour priorité d'assurer sa survie. L'ampleur des risques (de la surpopulation à l'atome) ne rend-elle pas dérisoires les conflits traditionnels et n'appelle-t-elle pas une communauté planétaire ? Par les capacités techniques qu'il crée sans cesse, l'homme est en mesure d'étendre à l'infini ses domaines d'exploitation (ainsi, au-delà des terres émergées, les océans ou l'espace extra-atmosphérique) et de s'affranchir de la hantise millénaire de la pénurie.

De plus, l'espace terrestre est divisé, partagé entre près de 200 États, reconnaissant mutuellement leurs frontières, et tenus à la fois par des principes communs (droit des peuples à disposer d'eux-mêmes, respect de l'intégrité territoriale...) et de multiples organisations internationales. L'ère des conquêtes territoriales, des dominations impériales est, semble-t-il, close. Dans ce monde de plus en plus interdépendant, la sécurité et la puissance ne résideraient plus dans l'appropriation brutale de territoires mais dans la manipulation subtile des flux. La force se brise soit contre les résistances nationales. Désormais, le droit souverain de faire la guerre se trouvant paralysé, la paix ne reposerait plus sur des équilibres toujours mouvants entre les États, mais sur des mécanismes de sécurité collective, de police universelle : qu'un État viole le droit, tous les autres se rassemblent pour punir et ramener dans le droit chemin le délinquant.

Enfin, la mondialisation, en désenchantant le monde, en mettant toutes les croyances en concurrence, en instaurant un marché planétaire des valeurs, des convictions, des idéologies, diffuserait un relativisme universel, dissolvant toutes les sources d'intolérance, autorisant chacun à se bricoler sa propre religion.

Mais la mondialisation n'efface en rien le poids de passé, les peurs et les hantises qui déchirent les hommes depuis des millénaires.

A) *L'espace et le temps mondiaux demeurent hétérogènes.* – D'un côté, la mondialisation consacre la participation de tous les hommes à une seule et même histoire (mais n'est-ce finalement pas le cas depuis l'aube de l'humanité ?) ; de l'autre côté, les histoires particulières continuent.

La Terre paraît plus ou moins divisée entre zones pacifiées et zones turbulentes. Les premières (d'abord la triade Amérique du Nord - Europe occidentale - Japon, mais aussi tous les pays s'insérant dans les échanges internationaux) acceptent pleinement, semble-t-il, la logique de la mondialisation : il ne s'agit plus de se battre pour des territoires mais de rivaliser pour des marchés ; la sécurité territoriale étant considérée comme irrémédiablement acquise, les enjeux de puissance résident dans le contrôle des flux. Les zones turbulentes (du Caucase au Proche-Orient, des Balkans à l'Extrême-Orient) demeurent marquées par de multiples affrontements territoriaux ; dans ces régions, les vieilles haines, loin d'être surmontées (comme, par exemple, entre Français et Allemands), gardent leur virulence.

Dans tous les conflits actuels, se retrouvent les deux mêmes logiques.

L'une, optimiste, fondée sur l'hypothèse d'un monde aux ressources infinies, est guidée par un but de réconciliation entre les peuples, entre les hommes. Son levier est un développement économique commun qui, en conduisant d'anciens ennemis à travailler, à s'enrichir ensemble, produira un avenir commun. Les différences, au lieu d'être source d'intolérance et de haine, se changeront en facteurs de coopération. Telle est la philosophie de la construction européenne, qui peut être analysée comme le laboratoire d'un système de rapports apaisés entre nations. Dans une telle vision, les vieux conflits se recroquevillent, la mondialisation se définit comme un développement économique planétaire, rendant possible une solidarité universelle.

L'autre logique, classique, pessimiste, pluriséculaire, considère que toute sécurité exige une population homogène sur un territoire homogène. Telle est l'idée directrice de la *purification ethnique*. Celle-ci est-elle un archaïsme ou/et une idéologie de la mondialisation ? Pour ceux qui se sentent soit exclus des flux mondiaux, soit menacés dans leur identité par le métissage de toutes les différences, la constitution d'une forteresse, n'accueillant que les membres certifiés d'un même peuple, rejetant tout élément étranger, peut être regardée comme la solution : être entre soi, ne pas dépendre des autres ! D'où, de l'ex-Yougoslavie au Proche-Orient, des conflits âpres, sanglants pour l'édification d'États homogènes.

B) *La mondialisation, si elle déstabilise toute exceptionnalité, n'efface pas les anomalies, les déséquilibres historiques.* – L'histoire des hommes est dominée par des permanences massives : par exemple, la Chine, l'empire des steppes (René Grousset) – cette stupéfiante construction qui, entre l'Europe, le Moyen-Orient et la Chine, ne cesse depuis des siècles de s'écrouler et de renaître, sa dernière incarnation étant l'Union soviétique... La mondialisation, amplificateur et accélérateur des flux, peut-elle dissoudre ces entités pluriséculaires, ces pôles toujours inquiétants parce que trop énormes, parce que toujours proches d'éclater et ne sauvant une unité aléatoire qu'en se repliant sur un orgueil anxieux et agressif ? Ces colosses, pénétrés, envahis par les vagues de la mondialisation, sont-ils voués à se décomposer ? Ou, au contraire, la Chine sera-t-elle toujours la Chine, la Russie la Russie ?

La Chine est si vieille qu'elle peut se croire éternelle. Pourtant, ainsi que le matérialise la muraille de Chine, et comme ne cesse de le confirmer son histoire, l'empire du Milieu est marqué par la double hantise de l'invasion par les barbares de la steppe et de la décomposition interne. La Chine, après avoir retrouvé une unité convulsive par une fermeture quasi totale sous le règne de Mao Zedong (1949-1976), s'ouvre, depuis la fin des années 1970, au vent de la mondialisation et retrouve très vite les mêmes tensions (par exemple, entre l'intérieur, agricole, arriéré, et la façade maritime, emportée par la fièvre des affaires ; entre la société, avide de consommer, et un pouvoir pétrifié). D'où une interrogation : le choc de la mondialisation brise-t-il irrémédiablement la continuité de l'histoire chinoise (l'ouverture étant irréversible et appelant peut-être l'éclatement de la Chine) ou au contraire provoquera-t-il, dans un avenir plus ou moins proche, le retour du balancier (fermeture, xénophobie, rétablissement d'une autorité absolue) ? La Chine actuelle garde ses contradictions multiséculaires : d'un côté, elle s'insère, comme elle ne l'a jamais fait, dans les circuits mondiaux, elle attire les investissements étrangers, elle met aux enchères ses offres de coopération – choisissant souvent pour partenaires ceux qui lui demandent le moins de compte sur son respect des droits de l'homme ; d'un autre côté, elle ne perd rien de sa susceptibilité, avide d'affirmer son pouvoir sur Hong-kong, ne renonçant pas à Taiwan, revendiquant un large morceau de la mer de Chine. La Chine « mondialisée » reste une grande puissance, n'oubliant rien de son humiliation passée, et attendant une reconnaissance éclatante.

La Russie est, elle aussi, « unique », par son climat, son immensité, sa position mi-européenne, mi-asiatique, son enclavement ; en outre, toute l'histoire du peuple russe est marquée par le malheur, la férocité des tsars et aussi la conscience d'être désigné par Dieu (pour être la troisième Rome, celle de la vraie foi) ou par l'Histoire (pour être la patrie du socialisme, la première terre de l'utopie communiste). Des années 1920 aux années 1980, l'URSS, reconstitution de l'Empire des tsars sous une légitimité marxiste-léniniste, est une forteresse close. Isolée des flux de la mondialisation (ainsi n'est-elle guère touchée par la crise économique capitaliste des années 1930), l'URSS se fossilise et, en dépit d'un espionnage très efficace, reste en dehors des mutations des années 1970 et 1980 (informatique, télécommunications). Avec l'écroulement du communisme et la dissolution de l'Union soviétique (1991), la Russie n'est plus qu'une nation pauvre, dont les richesses sont pillées par des mafias. Pour bénéficier pleinement de la mondialisation, la Russie doit, semble-t-il, devenir « comme les autres » : une démocratie, un État de droit, une économie de marché accueillante pour les investissements étrangers. Mais la Russie peut-elle devenir « comme les autres » ? Privée d'une poigne de fer, n'étant plus soudée par la conviction d'être assiégée par un monde extérieur hostile, n'est-elle pas vouée à se fragmenter ?

2. **Vers un affrontement mondial des civilisations ?** – La mondialisation, en diffusant sur toute la planète les références, les valeurs occidentales, appelle de formidables réactions des autres cultures, se sentant menacées de disparition par la rationalité et la sécularisation, par « le désenchantement du monde ». Les individus, les peuples, déracinés, ne trouvant plus dans l'État-nation un cadre incontesté de sécurité et d'identité, ne pouvant plus

s'investir dans des idéologies à prétention universaliste (comme le marxisme-léninisme), ressentiraient leur culture comme la source majeure de solidarité, de protection face au déferlement de la mondialisation. « Le monde sera dans une large mesure façonné par les interactions entre sept ou huit grandes civilisations. Il s'agit des civilisations occidentale, confucéenne, japonaise, musulmane, hindoue, slave-orthodoxe, latino-américaine et probablement africaine. Les conflits les plus importants de l'avenir éclateront sur les lignes de clivage séparant ces civilisations » (Samuel P. Huntington, « The Clash of Civilizations ? », *Foreign Affairs,* vol. 72, n° 3, été 1993, p. 25).

L'accomplissement de cette vision implique, semble-t-il, deux conditions :

A) *Les civilisations seraient des blocs cohérents, imperméables aux influences extérieures et quasiment figés à travers le temps.* – Telle est la philosophie notamment du penseur allemand, Oswald Spengler, dans *Le déclin de l'Occident* (1918-1922) ; pour cet auteur, porte-parole du darwinisme culturel (les civilisations, comme les espèces, s'affrontent en une perpétuelle lutte à mort), l'Occident blanc, épuisé après des siècles d'hégémonie, serait voué à être submergé par de nouveaux barbares, les peuples de couleur.

Pourtant l'histoire montre que les civilisations, ensembles flous, contradictoires, aux frontières mouvantes, se heurtent et se mêlent dans le même mouvement (par exemple, dans l'Antiquité, la Grèce puis Rome et l'Orient ; au Moyen Âge, la chrétienté et l'islam ; lors des grandes découvertes, l'Europe et les cultures non européennes). Aujourd'hui, il n'est pas de culture qui ne soit remodelée par l'occidentalisation (l'Occident, lui, perdant le monopole de sa suprématie – son avance technique, sa modernité idéologique – et se trouvant peu à peu transformé par la découverte d'autres vérités). Si l'appartenance culturelle peut être un mode d'affirmation contre l'Autre (notamment, en ces années 1990, l'islam contre l'Occident), le monde actuel offre bien d'autres points d'ancrage identitaire : toujours la nation, la religion, peut-être l'entreprise, ou enfin une communauté bricolée (bandes, mafias fournissant à l'individualisme exacerbé d'aujourd'hui des cadres collectifs qui ne sont pas imposés, hérités mais fabriqués par soi-même).

Par ailleurs, les lignes de partage entre civilisations, leur importance donnent lieu à des perceptions contradictoires, changeantes. Ainsi, de la révolution d'octobre 1917 à la chute de l'Union soviétique, l'antagonisme entre cette dernière et l'Occident peut être analysé comme un conflit entre civilisations, l'une fondée sur l'individu et son initiative, l'autre sur la solidarité collective (capitalisme contre communisme). Or, avec la détente à partir des années 1960, s'affirme, d'abord au sein du Tiers Monde, la thèse – tout à fait défendable – que capitalisme et communisme ne sont finalement que les deux faces d'une même civilisation, la civilisation industrielle occidentale.

B) *Communautés culturelles et entités politiques coïncidant, oppositions culturelles et rivalités politiques se confondraient.* – Certes il arrive qu'il y ait plus ou moins fusion entre une civilisation et une unité politique (ainsi la chrétienté et l'Empire romain, de Constantin le Grand au IVe siècle au schisme d'Orient en 1054 ; ainsi le communisme et l'Union soviétique, au moins de 1917 à l'avènement d'une seconde Mecque communiste – Chine en 1949). Mais le plus souvent aires de civilisation et données politiques ne se recouvrent guère, entretiennent des rapports compliqués.

L'Europe chrétienne du Moyen Âge à la Réforme au XVIe siècle forme incontestablement une civilisation.

Pourtant elle se déchire de mille manières : entre féo-
daux, entre rois et seigneurs, entre le pape et les rois,
entre le pape et l'empereur. Au XIXᵉ siècle, l'Europe,
ébranlée par l'affrontement entre la légitimité monar-
chique et le droit des nationalités, constitue malgré tout
une civilisation, avec, à la fois, son héritage chrétien, sa
foi dans le progrès et la conviction de sa supériorité.
En 1914, cette unité de civilisation n'empêche guère
l'Europe de s'enfoncer dans une effroyable boucherie.
Elle en oublie cette unité : chacun des deux camps, pour
justifier son combat, se proclame la Civilisation, le Bien,
l'ennemi étant la Barbarie, le Mal.

En cette aube du XXIᵉ siècle, l'un des grands conflits
de la mondialisation opposerait l'Occident et l'islam. En
fait, loin de s'organiser en un face-à-face entre deux
blocs idéologico-politiques, il s'agit d'une imbrication de
conflits en interaction.

Tout d'abord, les sociétés musulmanes butent contre
leur échec, leur humiliation. En ces années 1990, aucune
n'a réussi son développement économique et politique,
que la voie choisie soit celle du modernisme (de l'Égypte
de Nasser à l'Irak de Saddam Hussein) ou de l'islamisme
(Iran de Khomeini). Cette quête déçue de la modernité
conduit à diaboliser l'Occident, à trouver toutes les explications possibles pour le rendre responsable des ratages
du monde musulman. En même temps, ces sociétés sont
profondément pénétrées par l'occidentalisation (que ce
soit l'appétit – souvent frustré – de consommer ou le développement du contrôle des naissances, au moment où
l'islamisme se donne pour priorité de maintenir la femme
dans sa soumission traditionnelle). L'islam est alors
exalté comme porteur d'une société idéale. Du point de
vue de la mondialisation, le conflit Occident-islam n'est
qu'une des expressions des formidables tensions entre le
métissage généralisé des idées, des croyances et les innom-

brables aspirations désespérées à une identité pure, authentique.

Quant aux sociétés occidentales, tout comme, des années 1920 aux années 1960, le communisme les faisait trembler en mettant à nu les vices du capitalisme, l'islam y est ressenti comme une menace, parce qu'il aurait ce que l'Occident souffrirait de ne plus avoir : une spiritualité exaltée, des liens communautaires forts. Toutefois ce défi de l'islam est très variable d'un pays occidental à l'autre, la France étant bien la plus touchée du fait de sa situation géographique, de ses relations passionnelles avec le Maghreb, du nombre des musulmans (français et non français) sur son territoire et enfin de l'identité jacobine, très soucieuse de laïcité.

Ainsi la mondialisation ne fait-elle pas disparaître les conflits traditionnels (enjeux territoriaux, rivalités de puissances)... L'homme, ses peurs, ses ambitions ne changent guère. La nouveauté vient de deux facteurs : tout d'abord, la multiplication des liaisons de toutes sortes, qui élargit la sphère de résonance de tout affrontement et pousse à l'implication d'un nombre croissant d'acteurs hétéroclites ; ensuite, l'émergence diffuse d'un intérêt mondial, se superposant aux pôles existants d'intérêts (en premier lieu, les États). Mais cet intérêt n'est pas représenté par une autorité légitime ; au sein de l'Organisation des Nations Unies, qui regroupe la quasi-totalité des États de la planète, toute décision est finalement un compromis entre des intérêts étatiques. Comme l'illustrent les grandes négociations dans le domaine de l'environnement, cet intérêt mondial fait l'objet de définitions contradictoires et se trouve en discussion permanente.

Chapitre V

NORMES UNIVERSELLES,
GOUVERNANCE GLOBALE

La mondialisation, surtout depuis la seconde moitié du XIXe siècle, avec les premières unions techniques universelles, est indissociable d'un processus de promotion de normes planétaires. À l'issue de la Première Guerre mondiale, la double création de la Société des nations (SDN) et de l'Organisation internationale du travail (OIT) marque bien la prise de conscience, certes encore bien fragile, que toute paix requiert deux piliers : un dispositif de prévention, de maîtrise et de règlement des conflits entre États ; mais aussi des règles sociales internationales, afin de discipliner la compétition économique, d'éviter qu'elle ne soit faussée par des inégalités dans les législations protégeant les travailleurs. La fin de la Seconde Guerre mondiale entraîne, sous l'impulsion des États-Unis, la formation d'une vaste configuration d'organisations à vocation mondiale : l'Organisation des Nations Unies (ONU), se substituant à la SDN ; le Fonds monétaire international (FMI) ; une organisation internationale du commerce, qui entre en vigueur en 1947 sous la forme d'un accord provisoire (Accord général sur les tarifs douaniers et le commerce – GATT, selon son sigle anglo-américain –, remplacé en 1995 par l'Organisation mondiale du commerce – OMC) ; enfin, des institutions spécialisées couvrant des domaines techniques réclamant une coopération internationale étroite : aviation civile, agriculture, éducation, santé...

Par ailleurs, dans le sillage de la guerre, se produit, avec la décolonisation, une mutation radicale du système politique mondial : celui-ci, des grandes découvertes aux deux guerres mondiales, s'organise autour des rivalités entre les grandes puissances européennes (les États-Unis et le Japon rejoignant le jeu dans la seconde moitié du XIXe siècle) ; avec l'émancipation des peuples colonisés, se constitue, pour la première fois dans l'histoire de l'humanité, un espace politique mondial. Deux ou trois chiffres résument ce basculement : en 1945, 51 États participent, à San Francisco, à la conférence fondatrice de l'ONU ; en 2001, l'ONU a 189 États membres.

Il existe donc un système institutionnel universel. Du point de vue de la mondialisation, deux questions s'imposent : s'il y a bien multiplication de normes universelles, celles-ci sont-elles et peuvent-elles être concrètement applicables à tous ? Ensuite ces normes sont-elles porteuses d'un pouvoir politique mondial ? Ces interrogations se retrouvent dans cinq domaines : **la monnaie et la finance ; le commerce ; les droits de l'homme ; l'atome ; le maintien de la paix.**

I. – Monnaie et finance

Pour les États-Unis, principal vainqueur de la Seconde Guerre mondiale, la paix, en 1945, doit être globale : elle ne peut se contenter d'assurer un équilibre entre les puissances ; elle exige une prospérité mondiale et, d'abord, des mécanismes visant à empêcher que ne se reproduise une crise économique analogue à celle des années 1930 (cause de tous les engrenages tragiques ayant conduit à la guerre).

De cette vision, découlent notamment les accords de Bretton Woods (22 juillet 1944). Ces accords mettent sur pied un système monétaire à vocation mondiale : les

États participants acceptent des règles (en premier lieu, parité fixe de leurs monnaies) ; un Fonds monétaire international (FMI) veille au respect des règles et aide les États en difficulté à rétablir leur équilibre. La reconstruction accomplie, ce système ne fonctionne normalement qu'une dizaine d'années, autour de la décennie 1960.

Trois facteurs sinon disloquent le système, tout au moins provoquent son assouplissement très considérable (abandon des parités fixes pour des taux de change fluctuants, par les accords de Kingston – Jamaïque – du 8 janvier 1976 : le cours des monnaies n'est plus fixé par la décision des gouvernements mais par les marchés) :

– *Le tournant des États-Unis.* En 1945, le système monétaire international a pour centre naturel les États-Unis ; ceux-ci produisent alors la moitié de la richesse mondiale ; leur monnaie, le dollar, est équivalente à l'or (35 $ l'once). Cette position centrale leur impose de veiller à ce que leur monnaie ne soit pas attaquée (si elle l'est, ses détenteurs l'échangent contre de l'or et précipitent sa chute). Le 15 août 1971, le président des États-Unis suspend la convertibilité du dollar en or et, en même temps, procède à une quasi-dévaluation. Par ce geste historique, il rétablit la liberté de manœuvre monétaire des États-Unis et met fin à « l'indifférence bienveillante » *(benign neglect),* qui doit guider la puissance gardienne d'un ordre monétaire.

– *L'arrivée de nouveaux protagonistes.* Les hausses massives du prix du pétrole dans les années 1970 enrichissent brutalement ses exportateurs (principalement des États du Moyen-Orient). Ceux-ci, grâce à leurs pétrodollars, entrent dans les circuits financiers internationaux. Puis c'est le tour des Nouveaux Pays industriels. Par ailleurs la croissance économique mondiale, le développement des échanges stimulent l'endettement (c'est par ce biais que les pays les plus pauvres, dépourvus de ressources financières, sont attirés dans les réseaux internationaux).

– *Un marché planétaire des capitaux.* Ici se combinent au moins quatre dynamiques : explosion de la demande (États pour le financement de leurs déficits, entreprises en quête de capitaux pour se mondialiser) ; augmentation de l'offre (enrichissement général de la planète ; fonds de pension collectant et plaçant l'épargne dans la perspective de la retraite) ; intensification et perfectionnement des connexions entre les marchés ; enfin, déréglementation.

Dans ce champ de la régulation monétaire et financière, la mondialisation se manifeste de quatre manières :

1. **Le poids croissant des opérateurs privés jouant en permanence entre les marchés.** – L'espace financier international échappe aux États et aussi aux institutions financières traditionnelles (et d'abord aux grandes banques établies). La mondialisation, c'est notamment la constitution d'un champ planétaire de jeu, auquel chacun peut avoir accès. Ainsi s'imposent de nouveaux colosses, les fonds de pension, organismes de placement alimentés par l'épargne-retraite de salariés. Sur les marchés de devises, interviennent des « pirates », les *hedge funds* (fonds de couverture ou d'arbitrage), créés aux États-Unis dans les années 1980 ; ce sont des fonds communs d'investisseurs, en quête de rendements élevés par la spéculation sur les monnaies et les taux d'intérêt, avec, bien sûr, des risques considérables.

2. **La soumission des autorités publiques aux marchés.** – L'amplification des flux financiers, l'écart vertigineux entre les masses de capitaux en circulation et les ressources des banques centrales excluent évidemment tout contrôle par ces dernières des marchés ; au contraire, elles

ne peuvent qu'au mieux ruser avec les opérateurs. Ainsi, en 1992-1993, les banques centrales européennes sont-elles bousculées par plusieurs fièvres spéculatives contre les monnaies les plus vulnérables du SME. Le 1er août 1993, les ministres des Finances de la Communauté, afin de décourager ces spéculations, élargissent très substantiellement les marges de fluctuation autorisées pour les monnaies participantes ; ils agissent conformément à une logique physique simple (faire que les coups de celui qui frappe – l'opérateur – se perdent dans une masse la plus élastique possible).

3. **La systémation de la concertation.** – Dans les années 1970, la dislocation de la discipline légale (abandon des parités fixes) conduit les États les plus intégrés dans les circuits financiers – donc les plus sensibles à leurs ébranlements – à ériger la concertation en une pratique systématique. C'est notamment, en 1975, la mise sur pied du G7, réunissant les sept principales démocraties industrielles (États-Unis, Japon, Allemagne, France, Royaume-Uni, Italie et Canada). Le G7 peut être analysé comme un réseau de réseaux, couronnant les innombrables liaisons entre entreprises, banques, États...

Le G7 illustre bien les ambiguïtés, les points d'interrogation de la mondialisation. Tout d'abord (même si, pour des raisons politiques, la Russie bénéficie d'un strapontin, transformant partiellement le G7 en G8), il s'agit d'une enceinte occidentale, d'où restent exclus les nouveaux créateurs de richesse (Nouveaux Pays industriels, Chine...). C'est l'un des signes du décalage entre les configurations institutionnelles, souvent héritées d'un passé plus ou moins proche, et les réalités en pleine évolution de la mondialisation. Par ailleurs, à quoi sert le G7-G8 ? Est-ce un dispositif de gestion de l'économie mondiale, d'une souplesse adaptée aux fluctuations complexes d'un monde mondialisé ? Ou n'est-ce qu'un faux-semblant, les communiqués communs masquant plus ou moins mal la poursuite de politiques égoïstes, le désarroi des grands face aux mutations en cours ?

4. L'ébauche chaotique d'une solidarité planétaire. – La mondialisation implique-t-elle une humanité plus solidaire, plus consciente d'un destin commun ? Dans le domaine économique et monétaire, le souvenir du krach de 1929 pèse très lourd, toute crise financière étant immédiatement décortiquée pour déterminer si elle serait porteuse d'une nouvelle tragédie mondiale (ainsi la faillite du Mexique en 1982, le krach boursier d'octobre 1987, à nouveau la faillite du Mexique en décembre 1994). Jusqu'en cette fin des années 1990, le désastre ne s'est pas répété.

Ici apparaît bien l'une des grandes dimensions de l'organisation de la mondialisation : le développement de mécanismes de maîtrise des crises, de solidarité, dictés moins par l'idéalisme que par la conviction – de bon sens – que la chute de l'un entraînera tous les autres.

En août 1982, le Mexique suspend ses paiements. C'est tout de suite la panique : l'Argentine, le Brésil et d'autres pays du Tiers Monde doivent suivre, entraînant une décomposition du système économique et financier international. Pourtant l'affaire est jugulée par une combinaison de mesures : rééchelonnement des dettes ; arrangements exceptionnels entre le FMI et les États débiteurs ; liens entre la fourniture de crédits à ces États et la mise en place par ces derniers de réformes les insérant mieux dans la compétition internationale (politiques d' « ajustement structurel ») ; création d'un marché secondaire de la dette, sur lequel se vendent et s'achètent des titres de créance.

En décembre 1994, le Mexique, qui, pourtant, a profondément réformé son économie, plonge à nouveau dans une crise financière. Les États-Unis, qui ont établi, le 1er janvier 1994, avec le Mexique un espace économique intégré (Association de libre échange nord américaine – ALENA), se sentent en première ligne : que le Mexique s'effondre, et c'est la fin du projet américain d'une unité économique panaméricaine. Le président Clinton mobilise tout son crédit politique : 50 milliards de dollars d'aide sont obtenus du FMI.

Le Mexique du milieu des années 1990 souligne les contradictions de la mondialisation : au moment où ce pays est sauvé par un plan international, éclate, dans sa province du Chiapas, une rébellion. Celle-ci, en partie due à la rigueur économique et financière qu'impose justement au Mexique la mondialisation, invoque celui qui, pour les Mexicains, incarne la justice, Zapata. Face au déferlement de la mondialisation, les peuples s'accrochent à ce qu'il y a de plus affectif en eux : leur histoire, leurs légendes, leurs mythes.

II. – Commerce

À l'issue de la Seconde Guerre mondiale, à côté de la monnaie et du maintien de la paix, le troisième pilier, sur lequel, selon les États-Unis, doit reposer l'ordre mondial, est le commerce : la liberté des échanges, le démantèlement de tous les obstacles les entravant assureront le triomphe de la division internationale du travail et, au-delà, la richesse des nations. D'où la création d'un cadre, fixant des principes et des règles d'ambition universelle, et surtout organisant des négociations pour la suppression progressive de toutes les barrières : tel est l'Accord général sur les tarifs douaniers et le commerce – GATT –, instauré en 1947.

De la fin des années 1940 aux années 1970, ce système d'échanges est occidental, associant les États-Unis (plus le Canada), l'Europe occidentale et le Japon. À partir des années 1970, en une vingtaine d'années, le système international d'échanges se mondialise. Les pays exportateurs de pétrole émergent, au moins dans la décennie 1970, grâce à leur or noir et aux revenus considérables qu'ils en tirent alors, comme des clients de poids que se disputent les pays occidentaux. Puis entrent en scène, imitant le Japon, les Dragons d'Asie, Nouveaux Pays industriels : Corée du Sud, Taiwan, mais aussi Chine, Thaïlande, Malaisie, Indonésie. En 1989-1991, l'écroulement des régimes communistes et de l'URSS met fin à l'enfermement de cet immense bloc.

Le 1er janvier 1995, l'OMC remplace le GATT. L'OMC est une organisation permanente. Sa vocation universelle est évidente : en 2001, elle rassemble déjà 135 États (l'ONU en comprenant, elle, 189) ; en outre, une trentaine d'États – et d'abord la Russie et la Chine (cette dernière étant probablement admise en 2001) – frappent à la porte. Du point de vue de l'organisation de la mondialisation, l'OMC pose deux interrogations fondamentales.

1. L'organisation de la mondialisation réclame des règles universelles. Mais jusqu'où ces règles peuvent-elles aller ? – Le GATT puis l'OMC exigent de ses membres des conditions, en particulier un régime de liberté des échanges avec l'extérieur. Si la Russie et la Chine ont quelque difficulté à rejoindre l'OMC, c'est parce que, aux yeux de membres de l'organisation (notamment États-Unis), ces deux colosses, très imprégnés d'étatisme, ne fournissent pas des garanties suffisantes de liberté commerciale.

De vives controverses se déroulent autour de normes, de clauses à l'introduction desquelles des États souhaitent lier la liberté du commerce.

A) *La clause sociale.* – En 1994, au moment où vont être signés les accords du cycle de l'Uruguay *(Uruguay Round)*, libéralisant considérablement le commerce mondial et créant l'OMC, les États-Unis et la France font valoir que nombre d'États (du Tiers Monde) faussent la concurrence internationale grâce à des avantages indus (législations du travail et protection sociale inexistantes, travail des enfants ou des prisonniers) ; la liberté des échanges ne devrait bénéficier qu'aux États ne faisant pas de « *dumping* social », c'est-à-dire étant en conformité avec diverses normes sociales.

Pour les États occidentaux les plus libéraux en la matière (d'abord Royaume-Uni), une telle clause serait contraire aux principes du libre échange et du GATT, qui excluent tout contrôle de l'origine des produits, donc de leurs conditions de fabrication (ces conditions constituant justement le domaine où doit s'exercer la concurrence).

Pour les États du Sud, la clause sociale ne peut être que du protectionnisme déguisé. D'une part, l'Occident, lui, garde une avance décisive : une productivité plusieurs fois plus élevée que celle du Tiers Monde. D'autre part, comment demander à des pays encore pauvres d'établir des dispositifs sociaux au financement extrêmement coûteux (l'État-providence en Occident ayant crû et fonctionné grâce à la croissance des Trente Glorieuses et souffrant gravement en cette fin du XXe siècle, du fait, notamment, du ralentissement de la croissance) ? Ici surgit l'interrogation centrale : Quelles règles communes possibles entre une multitude d'États, qui, outre la diversité de leurs cultures, connaissent des écarts très importants de développement ?

Alors surgit le problème des pratiques indignes aux yeux de l'Occident (exploitation des enfants, des femmes, des prisonniers). Pour les États-Unis, l'appartenance à l'OMC ne doit être ouverte qu'aux États incontestables dans ces domaines. En 1996, la Commission européenne résume bien la perspective humaniste occidentale : « Certaines pratiques, comme l'interdiction de la liberté d'association ou le travail forcé, ne peuvent être justifiées en termes de niveau de développement économique. Les lois sociales fondamentales, interdisant le travail forcé, le travail des enfants, garantissant la liberté d'association ou le droit à la négociation collective, sont universellement reconnues au sein de l'Organisation internationale du travail (OIT). Il est tout à fait naturel que des éléments aussi essentiels soient pris en considération dans l'évaluation des relations entre la Communauté européenne et les États tiers. Il est légitime de discuter des questions sociales dans un cadre multilatéral. »

Pour les défenseurs intransigeants des droits de l'homme, il faut boycotter les produits fabriqués dans des conditions ne respectant pas ces règles (par exemple, ne pas acheter des vêtements faits par des enfants). Mais surgissent des interrogations délicates : les premiers punis ne sont-ils pas les enfants, privés d'un emploi dont leurs familles attendent impatiemment le salaire, même misérable ? Suffit-il de décréter, à des milliers de kilomètres, que telle ou telle attitude est scandaleuse pour qu'elle disparaisse ? Si l'un des effets de la mondialisation est de mettre sur les marchés des nations riches des biens fabriqués par des enfants du Tiers Monde, elle n'abolit pas les réalités locales : l'amélioration de la condition des enfants suppose la combinaison de plusieurs processus (sans doute des pressions internationales mais, en premier lieu, un développement économique et culturel amenant les populations des pays pauvres à regarder et à traiter l'enfant autrement).

B) *La clause écologique.* – La problématique est comparable à celle de la clause sociale. Pour les mouvements écologistes d'envergure internationale, en général anglo-américains, il faut empêcher tout commerce de produits écologiquement douteux. Mais qu'est-ce qu'un produit écologiquement douteux ? À qui revient-il de le déterminer ?

Au tournant des années 1980-1990, cette problématique reçoit une illustration exemplaire des contradictions de la mondialisation. Les États-Unis, sous la pression de mouvements écologistes, interdisent l'importation de thons mexicains : ceux-ci sont pêchés par des filets capturant une fois un quart de plus de dauphins que les filets américains. Les filets mexicains sont donc écologiquement nocifs ! L'affaire vient devant le GATT. Fin 1991, celui-ci donne tort aux États-Unis.

Cette affaire montre bien le fossé des approches (comment un pêcheur mexicain apprécierait-il qu'il attrape une fois un quart trop de dauphins ?) et aussi l'imbrication des enjeux (les revendications écologistes, même si elles se veulent pures, coïncidant avec des intérêts commerciaux – ici, la protection des pêcheurs américains).

2. **Le système international reste fondé sur la souveraineté des États. Or l'organisation de la mondialisation, impliquant une loi internationale de plus en plus large, ne requiert-elle pas, dans le même mouvement, des mécanismes de surveillance et de règlement des différends limitant et contraignant cette souveraineté ?** – Alors que, pour le traitement des litiges commerciaux entre les États membres, le GATT n'avait qu'un mécanisme facultatif, dont les décisions ne devenaient juridiquement contraignantes que si elles étaient acceptées par les parties, l'OMC, elle, crée un Organisme de règlement des diffé-

rends : en cas de litige, une procédure complexe est mise en branle ; celle-ci achevée, l'État condamné doit se mettre en conformité ; s'il ne le fait pas, il peut être frappé par des mesures de rétorsion.

C'est là une novation importante. Les États-Unis, très susceptibles sur leur souveraineté, et très conscients d'être la première puissance de la planète, acceptent mal l'OMC : comment cette nation exemplaire, fondée sur le libre consentement de son peuple, peut-elle se soumettre à un dispositif, contrôlé par d'autres, et qui la met à égalité avec n'importe quel autre pays ? Finalement le président Clinton obtient la ratification par le Congrès. Celui-ci a posé des conditions : dans le cas où, en cinq ans, deux règlements seraient défavorables aux États-Unis, ceux-ci reconsidéreraient leur appartenance à l'OMC.

Surtout, cet accord des États-Unis montre, semble-t-il, que la première puissance du monde, aussi exceptionnelle qu'elle se ressente, ne serait plus en mesure de se poser au-dessus de la loi (celle-ci étant faite pour la cohorte des pays petits et moyens). La mondialisation ou plus exactement le développement des interdépendances nivelleraient les inégalités, le plus grand comme le plus petit des États devant se soumettre de la même manière à la règle afin que tous la respectent.

III. – Droits de l'homme

La mondialisation appelle-t-elle le ralliement de tous les hommes à une même conception de l'humanité ? Tel est le débat de fond que soulève la diffusion de droits de l'homme.

1. La diffusion planétaire des droits de l'homme. – Dès son émergence sur la scène philosophique et politique aux XVIIe-XVIIIe siècles, la philosophie des droits de l'homme se veut universelle. D'emblée cette universalité est chargée d'ambiguïtés : ainsi, qu'est-ce qu'un homme, un individu digne d'avoir des droits ? Les pauvres, les femmes, les noirs sont-ils des « hommes » ? En outre, les droits de l'homme, loin de constituer un ensemble cohérent et fixe, défini par tous de la même manière, ne cessent d'être un enjeu entre, en particulier, libéraux et socialistes, colonisateurs et colonisés, États capitalistes et États communistes, Nord et Sud.

Quelles que soient ces contradictions, il y a bien, surtout depuis la fin de la Seconde Guerre mondiale, universalisation des droits de l'homme : en 1948, Déclaration universelle des droits de l'homme ; en 1966, deux pactes, l'un relatif aux droits civils et politiques, l'autre aux droits économiques, sociaux et culturels. Au total, plus d'une vingtaine de conventions (chacune liant au moins une centaine d'États), 140 à 150 (!) droits répertoriés. En 1981, les États islamiques adoptent même une Déclaration islamique universelle des droits de l'homme !

Enfin, dans les années 1980-1990, le reflux des dictatures en Amérique latine, l'effondrement des régimes communistes, la déstabilisation des autoritarismes africains promettent un âge d'or démocratique, même si résistent de terribles bastions (principalement la Chine).

2. **Universalité des droits de l'homme ?** – Si, pour l'Occident, les droits de l'homme représentent l'une des expressions de son universalisme naturel, ils ne peuvent qu'être ressentis par les peuples non occidentaux comme une philosophie importée. Pourtant, leur universalité semble admise, comme l'indique la IIe Conférence mondiale des Nations Unies des droits de l'homme (Vienne, juin 1993). Environ 10 000 personnes, dont 4 500 représentant 180 États, y participent. La Déclaration finale confirme cette universalité et pose que « la promotion et

la protection [de ces droits] est une préoccupation légitime de la communauté internationale ».

Il y a bien « globalisation de la démocratie. Même les régimes qui ne pratiquent pas la démocratie s'en réclament ou justifient leurs pratiques non démocratiques en invoquant une période de transition. La situation est différente de celle des années 1930 : Hitler n'a jamais dit que le nazisme était une transition vers la démocratie » (Yoshikazu Sakamoto, intellectuel progressiste japonais, *Le Monde,* 8 décembre 1992).

Ce triomphe des droits de l'homme est en fait lourd de conflits. Ces droits, leur interprétation constituent des enjeux politiques. Depuis les années 1970, lors de la détente Est-Ouest, ces droits se révèlent être une arme redoutable pour inquiéter puis déstabiliser les totalitarismes (d'abord l'URSS, aujourd'hui la Chine). Les « damnés de la Terre », les masses pauvres retournent ces droits (comme les colonisés l'ont fait pour obtenir leur émancipation) contre l'Occident pour réclamer un monde enfin juste.

IV. – **Atome**

L'invention de la bombe atomique est l'un des grands événements du XXᵉ siècle, qui ont fait sentir aux hommes l'unité de leur destin concret : l'arme nucléaire, par sa puissance phénoménale, donne à l'humanité la capacité de s'anéantir, de se suicider. Du point de vue de la mondialisation, de son organisation, le fait nucléaire est bien l'un des domaines où s'est établi un ordre quasi planétaire, se heurtant aux contradictions typiques du monde mondialisé.

1. **Un ordre nucléaire bien classique.** – L'arme nucléaire, par sa nouveauté terrible, semble devoir appeler

une organisation politique radicalement nouvelle. En juin 1946, les États-Unis font devant l'Assemblée générale des Nations Unies une proposition très ambitieuse (Plan Lilienthal-Acheson-Baruch) : la gestion de l'atome doit être confiée à une Autorité internationale du développement atomique. Le plan échoue.

L'ordre nucléaire, qui s'édifie à partir des années 1960, obéit au jeu le plus traditionnel de la puissance. Les États-Unis et l'Union soviétique, qui sont pourtant les deux pires ennemis, se rapprochent, guidés par une hantise commune : que d'autres puissances (par exemple, France, Chine...) acquièrent cette arme extraordinaire et donc leur dérobent cet avantage décisif ! Le 1er juillet 1968, à l'initiative des deux super-grands, le Traité de non-prolifération nucléaire (TNP) est ouvert à la signature. Il constitue la pierre angulaire de l'ordre nucléaire mondial.

Le TNP s'articule autour d'une inégalité fondamentale :

– les États disposant de l'arme nucléaire le 1er janvier 1967 (États-Unis, URSS, Royaume-Uni, France et Chine). Ceux-ci, s'ils deviennent parties au traité, peuvent conserver leurs capacités nucléaires. Ils s'engagent à tout faire pour empêcher la diffusion de l'arme nucléaire ;
– les États ne disposant pas de l'arme nucléaire le 1er janvier 1967. Ceux-ci, en adhérant au traité, renoncent à acquérir l'arme nucléaire.

En termes clairs, « ceux qui ont » (États dotés d'armement nucléaire ou EDAN) constituent un syndicat afin de garder le monopole de l'arme. « Ceux qui n'ont pas » (États non dotés d'armement nucléaire ou ENDAN) reçoivent des contreparties assez vagues : « ceux qui ont » doivent les aider à développer leur potentiel nucléaire pacifique et faire des efforts de désarmement.

La Chine et la France, devenant, dans les années 1960, puissances nucléaires par effraction (en dépit de la vive hostilité de Washington et Moscou), dénoncent le TNP comme la preuve d'un condominium américano-soviétique sur le monde. Cependant, au début des années 1990, ces deux pays, désormais établis dans le domaine nucléaire, et admettant, à leur tour, que leur intérêt est de maintenir fermée la porte du club, rejoignent le TNP.

Le TNP est plutôt un succès. En avril-mai 1995, se tient à New York une conférence pour procéder au renouvellement du traité (conclu pour vingt-cinq ans). La rencontre s'achève par un renouvellement sans limitation de durée. 178 États sont parties au dispositif.

Pourquoi ce relatif succès ? Deux types opposés et peut-être tout aussi vrais d'explications peuvent être avancés. Pour l'une, idéaliste, identifiant la mondialisation à une ascension de l'humanité vers l'harmonie, c'est la manifestation d'une prise de conscience planétaire du risque d'anéantissement de l'humanité par elle-même. Pour l'autre explication, réaliste, sensible au jeu des intérêts, la réussite du TNP résulte d'une conjonction de données favorables : obstination des États-Unis et de l'URSS (puis de la Russie) à bloquer la prolifération ; ralliement des trois autres puissances nucléaires officielles ; situation particulière d'importants prétendants possibles à l'arme (Allemagne et Japon, contraints, pour bien prouver qu'ils ont changé, d'abdiquer toute ambition atomique militaire) ; coût financier et politique malgré tout très élevé de l'acquisition de la Bombe, écartant d'emblée la quasi-totalité des États, et même décourageant des États d'envergure (Argentine, Brésil, Afrique du Sud arrêtant leur programme) ; enfin, tout de même, intensification des sentiments antinucléaires dans les populations – par exemple, formidable retentissement de la catastrophe de Tchernobyl en 1986.

2. L'ordre nucléaire, illustration des contradictions de l'organisation de la mondialisation.

A) *La mondialisation, en particulier parce qu'elle s'épanouit au lendemain de la décolonisation, est indissociable d'un mouvement de démocratisation planétaire. Or le TNP, très conforme à la logique classique des relations internationales, est fondé sur l'inégalité : d'un côté, les puissances « responsables », ayant droit au feu nucléaire ; de l'autre côté, l'immense majorité des États, interdits d'accès au terrifiant « joujou » nucléaire.* – Lors de la Conférence de New York en 1995 pour le renouvellement du TNP, la revendication égalitaire montre qu'elle ne peut être ignorée par les grands, notamment parce qu'elle bénéficie du soutien diffus de l'opinion publique mondiale. Les ENDAN insistent pour que le renouvellement du TNP soit prolongé et consolidé par un traité d'interdiction des essais nucléaires (Comprehensive Test Ban Treaty, CTBT), engageant tous les États et donc les EDAN. Cette même année, la France, reprenant des essais nucléaires en Polynésie française, déchaîne contre elle cette opinion mondiale et se soumet, renonçant à tout nouvel essai.

Ce dossier du CBTB suggère que sans doute tout ordre mondial est aujourd'hui contraint sinon d'être égalitaire (c'est-à-dire de mettre tous les États sur le même pied), du moins d'avoir des dimensions égalitaires. Toutefois l'Histoire rit toujours jaune. En 1996, la conclusion du CTBT est bloquée par l'hostilité de l'Inde ; celle-ci, qui, pourtant, dès 1954, préconise une interdiction des essais nucléaires, reproche au projet de CTBT d'être inégalitaire, puisque, en interdisant pour l'avenir tout essai, il consacrera l'avance des EDAN qui, dans le passé, ont procédé à de tels essais et, grâce à eux, se sont dotés d'une force atomique ! Et surtout, en 1999, le Congrès, voulant punir le président Clinton (scandale Lewinski), bloque la ratification du CTBT.

B) *La mondialisation appelle un ordre universel, ne laissant en principe personne lui échapper. Or, comme le commerce, la finance ou l'environnement, le nucléaire a ses dissidents, ses mauvais joueurs.* – Pour eux, l'ordre mondial est injuste, il est l'instrument des possédants contre les non-possédants (le TNP consacrant, photographiant cette opposition). Ainsi, des États, ayant un potentiel atomique plus ou moins clandestin, refusent d'adhérer au TNP (Israël, Pakistan, Inde – en 1998, ces deux derniers procèdent à des essais). D'autres, parties au traité, trichent : l'Irak de Saddam Hussein, mis sous une tutelle sévère par les Nations Unies à la suite de sa défaite dans la guerre du Koweït en 1991 ; la Corée du Nord, État communiste à bout de souffle, qui, dans les années 1993-1995, monte un étonnant chantage (menaçant de se retirer du TNP – dont elle est partie depuis 1985 –, interdisant les inspections internationales de ses installations nucléaires, elle obtient, contre l'arrêt de son programme, la reconnaissance des États-Unis ainsi que la fourniture de réacteurs nucléaires).

C) *L'organisation de la mondialisation réclame des mécanismes sophistiqués de surveillance, couvrant la totalité du globe (fonction essentielle des satellites dans cette observation de notre planète). Or les États souverains restent le rouage central du système mondial, le bon fonctionnement de ces mécanismes reposant sur leur consentement, leur coopération et finalement leur capacité à contrôler leur territoire.* – En ce qui concerne le TNP, tout ENDAN partie au traité passe un accord avec l'Agence internationale de l'énergie atomique (AIEA) de Vienne. Celle-ci procède à des inspections régulières des installations nucléaires civiles afin de contrôler que l'État respecte bien ses obligations. Un tel dispositif requiert la coopération de l'État ; sans celle-ci, toutes les tricheries sont possibles : ainsi, à la suite de la défaite de l'Irak dans la guerre du Koweït en 1991, des contrôleurs de l'ONU, envoyés dans ce pays pour démanteler toutes les installations douteuses, constatent que l'Irak a maintenu un programme nucléaire militaire très ambitieux.

Ces mécanismes supposent l'adhésion des acteurs politiques mais aussi leur capacité à contrôler. La multiplication des flux, à la fois sous leur dynamique propre et par l'ouverture des frontières, altère les moyens de surveillance des États. De plus les pouvoirs de ces États sont très inégaux : certains n'existent presque que sur le papier (Afrique au sud du Sahara), d'autres souffrent de décomposition ou de chaos (Corne de l'Afrique – souvent utilisée comme poubelle de déchets toxiques –, espace ex-soviétique... – source, dans les années 1990, de trafics clandestins de matières fissiles). Dans ces conditions, quel contrôle ? Les satellites peuvent-ils tout appréhender ? Les inspections sur place, outre qu'elles peuvent être détournées par des États déterminés à tricher, ne sauraient se faire sans un support politique et peut-être militaire. Mais il n'existe pour le moment ni un État mondial coiffant les États existants, ni une armée mondiale permanente au service des inspections.

V. – **Maintien de la paix**

Depuis les grandes découvertes et les conflits qu'elles suscitent, en articulation avec les rivalités européennes, la guerre et la paix sont bien des affaires planétaires. Du XVIᵉ au XVIIIᵉ siècle, la philosophie politique européenne, de Machiavel à Kant, de Hobbes à Rousseau, pense l'État, sa souveraineté, mais aussi la guerre et la paix, avec l'émergence du droit des gens. Des penseurs élaborent des projets de paix universelle et perpétuelle. Le plus célèbre de ces projets est peut-être celui de Kant, en 1795 ; la paix doit reposer sur l'emboîtement harmonieux de plusieurs systèmes de droit, ceux internes aux États, celui entre les États, enfin celui englobant individus et États « comme citoyens d'une cité humaine universelle ».

À l'issue de la Première Guerre mondiale, la SDN (en anglais, *League of Nations*), inspirée par les États-Unis du président Wilson, se présente comme la première tentative d'édification de ce pacte kantien entre les nations. Tout comme, dans le mythe du contrat social, les individus, se réunissant en société, mettent en commun leur sécurité désormais protégée par l'État, cette Société des Nations fixe des règles de cohabitation, de solution des litiges entre les États et confie à tous la garde de la paix (sécurité collective). Mais la SDN non seulement reste essentiellement européenne par sa composition mais surtout n'empêche pas le retour de la guerre en Europe.

L'ONU, elle, est bien une organisation planétaire. Elle est dominée (et souvent paralysée) par les deux acteurs les plus importants du système mondial : les États-Unis et l'URSS. Peu à peu, principalement du fait de la décolonisation, l'ONU constitue bien l'ébauche d'une démocratie mondiale : l'Assemblée générale, comprenant tous les États membres, annonce un parlement planétaire ; de même le Conseil de sécurité, responsable du maintien de la paix, serait une esquisse de gouvernement mondial.

Cependant, la mondialisation de la paix, comme de celle des autres domaines sociaux ou internationaux, à la fois promet un monde radicalement nouveau et en même temps bute contre les tensions permanentes de l'histoire humaine.

A) *L'abolition de la guerre.* – Depuis la fin de la Première Guerre mondiale – « la der des ders » –, les hommes pensent pouvoir abolir la guerre, cette fatalité millénaire (en 1928, pacte Briand-Kellogg, déclarant la guerre hors la loi). En 1945, la charte de l'ONU apporte une réponse équivoque, finalement très significative des contradictions des hommes face à la mondialisation. D'un côté, la charte, afin d'établir une « vraie » paix, instaure un système de sécurité collective : dans le cas d'une menace ou d'une atteinte à la paix, intervient un policier mondial, le Conseil de sécurité, doté de pouvoirs de coercition, et disposant (au moins sur le papier) d'une force armée (art. 43 à 47). D'un autre côté, la charte pouvait-elle priver l'État de ce qui constitue le cœur de sa souveraineté, « le monopole de la violence légitime » (Max Weber) ? Si l'État perd en principe la capacité de faire la guerre, il garde le « droit naturel de légitime défense, individuelle ou collective » (art. 51). Mais si, *au sein d'un État*, des instances, les tribunaux, apprécient s'il y a ou s'il n'y a pas légitime défense, les États, eux, sont souverains et, au stade actuel, sont-ils prêts à reconnaître à une autorité supérieure (Conseil de sécurité) le pouvoir de déterminer s'il y a ou non situation de légitime défense ?

B) *Un policier mondial à deux visages.* – Le Conseil de sécurité est donc le gardien de la paix mondiale. Mais comment est-il composé ? Comment fonctionne-t-il ? Le Conseil comprend d'abord cinq membres permanents : États-Unis, URSS (depuis décembre 1991, Russie), Chine, Royaume-Uni et France. Ceux-ci ont été choisis en 1945 à la suite de tractations tortueuses qui les ont retenus comme les cinq principaux vainqueurs de la guerre. Ces membres permanents ont un droit de veto ; par conséquent toute proposition de décision, à laquelle l'un d'entre eux s'oppose, se trouve bloquée. Ce « gouvernement mondial », censé formuler et exprimer l'intérêt général de l'humanité, reste un concert diplomatique, dans le sens classique du terme, c'est-à-dire une enceinte formée de grandes puissances, celles-ci s'équilibrant plus ou moins et négociant entre elles pour gérer l'ordre en place ; la volonté du Conseil de sécurité, lorsqu'elle existe, est le produit d'un compromis entre les membres permanents, ceux-ci ayant un poids variable et changeant (en ces années 1990, prééminence écrasante des États-Unis, capacité d'empêchement de la Russie...).

Les deux lectures contradictoires de l'affaire du Koweit, en 1990-1991, fournissent une parfaite illustration des équivoques qui entourent aujourd'hui le principe de police mondiale :

– Première lecture démontrant l'émergence d'une telle police : l'Irak de Saddam Hussein, en envahissant et en annexant le Koweit, commet un viol de la loi internationale (agression d'un État souverain, membre de l'ONU, par un autre État souverain). Le droit exige donc de libérer la victime et de punir le délinquant. D'où une succession de résolutions du Conseil de sécurité, isolant l'Irak, autorisant la guerre contre cet État pour libérer le Koweit et enfin plaçant l'Irak vaincu sous une tutelle sévère.

– Deuxième lecture faisant valoir que la paix mondiale demeure liée au jeu de la puissance : l'Irak, en s'emparant du Koweit, perturbe gravement deux équilibres, celui de la péninsule Arabique (en particulier, menace contre l'allié clé des États-Unis, l'Arabie Saoudite), celui du marché du pétrole (l'Irak, avec le Koweit, devenant, derrière l'Arabie Saoudite, le second exportateur le plus lourd). La libération du Koweit, réalisée par une coalition sous le commandement des États-Unis, répond donc strictement à leurs intérêts, Washington utilisant l'ONU pour couvrir son opération d'un mandat international (les circonstances étant extraordinairement favorables : l'Union soviétique de Gorbatchev, en pleine décomposition, a un besoin vital de l'aide occidentale ; la Chine est absorbée par ses remous internes ; quant au Royaume-Uni et à la France, ce sont des États occidentaux, alliés des États-Unis).

C) *Domaine international, domaine interne.* – L'ordre onusien repose sur l'égalité souveraine des États, la non-ingérence dans les « affaires qui relèvent essentiellement de la compétence nationale d'un État », sous réserve de « l'application des mesures de coercition » pour le maintien de la paix (art. 2, al. 7). D'où plusieurs interrogations : Dans un monde mondialisé, encombré, interdépendant, la paix peut-elle reposer sur des équilibres toujours précaires entre États ? N'exige-t-elle pas une communauté mondiale, un dépassement de la ligne de partage entre affaires internes et affaires externes (des États non seulement ayant des régimes politiques semblables – en clair, des démocraties – mais aussi soumettant leur fonctionnement intérieur à des mécanismes internationaux – notamment dans le domaine des droits de l'homme), enfin des formes de solidarité planétaire ? Or, désormais, les États sont doublement responsables : devant leur population ; devant la communauté internationale. Dans un texte de 1999, le secrétaire général des Nations Unies, Kofi Annan, résume fort bien ce qui est en cours : « La souveraineté étatique, dans son sens le plus fondamental, est en pleine redéfinition – et pas seulement sous l'effet des forces de la globalisation et de la coopération internationale. Les États sont maintenant largement considérés comme des instruments au service de leur peuple, et non l'inverse. Au même moment, la souveraineté de l'individu [...] est renforcée par une conscience renouvelée et en pleine diffusion des droits individuels [...] Une nouvelle et plus large définition de l'intérêt national s'impose au XXIᵉ siècle ; elle incitera les États à parvenir à une plus grande unité dans la poursuite d'objectifs communs et de valeurs partagées. »

L'État mondial est encore loin. Est-il d'ailleurs souhaitable ? Ne risquerait-il pas d'accoucher de la pire des tyrannies, puisque, universelle, elle ne redouterait aucun rival extérieur ? Au stade actuel, la mondialisation appelle **la gouvernance**. Cette notion, très en vogue à l'aube du XXIᵉ siècle, marque que désormais gouverner ne saurait se réduire à la transmission d'ordres par un État, maître du politique, mais requiert une négociation multiforme et permanente entre toutes les composantes du système social, les instances dites politiques n'ayant plus le monopole du pouvoir. La gouvernance porte une transformation du pouvoir : celui-ci n'appartient plus à des entités (élites, États) ; il bouge, circule (circuits, pôles de pouvoir), tout processus de décision se caractérisant par des marchandages incessants entre des groupes ouverts et mouvants (États, organisations interétatiques, ONG, entreprises...). La légitimité n'est plus donnée, elle doit sans cesse être justifiée. Le savoir n'est plus la propriété de quelques-uns ; diffusé, recyclé, il donne lieu, lui aussi, à des tractations sans fin. Serait-ce l'anarchie universelle ?

Chapitre VI

MONDIALISATION
ET RÉGIONALISATION

Depuis l'aube de l'histoire, et en particulier depuis les grandes découvertes, l'humanité ne cesse de chercher à élargir son espace, chaque phase de cet élargissement s'accompagnant d'actes et de luttes d'appropriation. Du XVᵉ au XXᵉ siècle, la formidable ouverture des espaces qu'accomplissent les puissances européennes entraîne des guerres sans fin pour leur partage et la constitution d'empires coloniaux. Si la mondialisation définit l'ensemble des processus de multiplication des liens entre les sociétés, entre les hommes, sur toute la planète, la régionalisation, elle, couvre toutes les formes d'établissement de liens privilégiés au sein d'une région (Europe, Afrique...). Alors, comment l'une et l'autre s'articulent-elles ? S'opposent-elles, toute régionalisation tendant à fragmenter la planète en espaces séparés et clos, la mondialisation impliquant une Terre débarrassée de toutes ses barrières ? Au contraire, se combinent-elles ? À cet égard, qu'indique le passé **(Données mondiales et configurations régionales, de la crise des années 1930 à l'écroulement du système Est-Ouest)** ? Mais surtout la mondialisation, aujourd'hui, appelle-t-elle des structurations régionales spécifiques **(Mondialisation et régionalisation au seuil du XXIᵉ siècle)** ?

I. – Données mondiales et configurations régionales, de la crise des années 1930 à l'écroulement du système Est-Ouest

1. Libre-échange ou sphères autosuffisantes ? – Dans la première moitié du XIXe siècle, l'Angleterre est le théâtre d'un débat historique majeur : doit-elle abandonner la protection douanière dont bénéficie son blé ? Pour les industriels, pour leur porte-parole, Richard Cobden, la suppression des droits permettra d'importer du blé moins cher et de fournir du pain à bon marché aux ouvriers ; ceux-ci pourront acheter d'autres biens et stimuleront l'émergence de nouvelles industries, pour lesquelles l'Angleterre dispose d'un avantage comparatif ; ainsi se constituera une dynamique d'élévation du niveau de vie. Tel est le raisonnement libéral, promoteur de la division internationale du travail (théorie d'Adam Smith). En 1846-1849, les lois protectrices *(Corn Laws)* sont abolies. L'Angleterre jouit alors d'une avance exceptionnelle : elle est « l'atelier du monde ».

Mais toute suprématie est temporaire. D'autres pays s'industrialisent. Dans le dernier tiers du XIXe siècle, la lutte pour les débouchés se déchaîne entre ces puissances industrielles. En Angleterre, pourtant patrie du libre-échange, mais souffrant déjà du vieillissement de son industrie, naît un courant, incarné par Joseph Chamberlain, préconisant la préférence impériale, c'est-à-dire la transformation de l'Empire en un vaste espace protégé de la concurrence extérieure par des tarifs élevés.

Dans ces années 1890-1914, l'Allemagne, qui se ressent, elle-même, comme « la nation tardive », est convaincue d'être étouffée par les puissances établies, et d'abord par l'Angleterre. D'où, en Allemagne, un débat, essentiel tout au long de la Première Guerre mondiale : Que doit rechercher l'Allemagne, en cas de victoire : une ouverture de tous les marchés (donc une libéralisation des échanges, à la britannique) ou la formation en Europe centrale (Mitteleuropa) d'une zone privilégiée, garantissant à l'économie allemande débouchés et matières premières – bref, libre-échange ou autarcie ?

Cette problématique est au cœur des années 1933 (Hitler au pouvoir en Allemagne)-1945 (fin de la Seconde Guerre mondiale). La crise économique de 1929 disloque le système mondial d'échanges. La solution dominante réside dans la mise sur pied de vastes espaces protégés, sous la direction d'une grande puissance. En 1932, la Grande-Bretagne et son empire instaurent la préférence impériale. La France exalte l'Empire. L'Allemagne hitlérienne se donne pour but l'édification d'un empire... de l'Atlantique à l'Oural. Le Japon prétend bâtir une « sphère de co-prospérité asiatique ». Pour le géopoliticien allemand Karl Haushofer ou le sociologue américain James Burnham (*L'ère des organisateurs*, 1945), le monde est appelé à être partagé entre de grands ensembles continentaux et hostiles.

Et les États-Unis ? Leur motif géopolitique majeur, dans la Seconde Guerre mondiale, est bien l'anéantissement de toutes ces ambitions régionalistes et la reconstruction d'un système mondial d'échanges, seul capable d'apporter à l'industrie américaine, formidablement développée, des débouchés suffisants.

En résumé, la problématique mondialisation-régionalisation ne saurait être séparée de la conjoncture économique et politique du moment, des positions des uns et des autres.

2. **Configurations mondiales et régionales au temps de l'antagonisme Est-Ouest.** – À l'issue de la Seconde Guerre mondiale, les États-Unis, le principal vainqueur, veulent un système planétaire : liberté générale des

échanges ; diffusion de la démocratie ; maintien de la paix par une organisation universelle, l'ONU. Cette vision est alors bloquée par l'autre grand vainqueur, l'Union soviétique. Cette dernière a, elle aussi, une vision planétaire : la conversion de l'humanité au communisme ; en attendant cette révolution mondiale, l'URSS se considère comme assiégée et constitue, avec ses États-satellites d'Europe orientale, une forteresse, le camp socialiste.

Le monde s'organise alors autour de l'antagonisme Est-Ouest ; il en résulte deux alliances, deux blocs – l'atlantique, le socialiste – se font face, chacun dans l'attente de l'affrontement décisif, la Troisième Guerre mondiale qui décidera si l'avenir de la Terre sera capitaliste ou marxiste-léniniste. D'où une configuration régionale politico-militaire dictée par la donne mondiale.

Dans cette période Est-Ouest, deux dynamiques autonomes de régionalisation se manifestent :

A) *En Europe occidentale, la construction européenne.* – L'amorce de cette construction s'enracine dans le contexte Est-Ouest : les États-Unis, pour contrer la menace soviétique, veulent une Europe occidentale reconstruite et unie sous leur direction (plan Marshall, suscitant la première structure d'unification de l'Europe, l'Organisation européenne de coopération économique – OECE – en 1948). À partir de 1950, un processus régional proprement européen se cristallise autour de la réconciliation franco-allemande : c'est l'Europe des Six – France, République Fédérale d'Allemagne, Italie et Bénélux –, avec la Communauté européenne du charbon et de l'acier – CECA – puis avec la Communauté économique européenne – CEE ou Marché commun. Ce processus est porté par quatre facteurs : la peur du colosse soviétique, qui rend archaïque la haine franco-allemande ; la protection des États-Unis, qui, en étant le reconstructeur et le gardien de l'Allemagne, rassure en particulier la France contre toute revanche de son voisin d'outre-Rhin ; la vigoureuse croissance économique des Trente Glorieuses (1945-1975), qui multiplie les échanges entre Européens et leur montre tout le progrès qu'ils tirent à travailler ensemble (au lieu de s'entre-tuer) ; enfin, certes, la sagesse des gouvernants et des peuples. La construction européenne illustre bien les interactions complexes entre données mondiales et données régionales.

B) *Dans le Tiers Monde.* – Les peuples colonisés, s'émancipant, refusant d'être enfermés dans le cadre Est-Ouest, revendiquent d'exister par eux-mêmes, en bâtissant des structures globales propres (en 1961, Mouvement des non-alignés ; en 1963, Groupe des 77 visant à établir une démarche commune du Tiers Monde dans le domaine économique). Ce qui unit ces pays, c'est leur lutte contre l'Occident : la décolonisation doit être menée à son terme ; le capitalisme mondial doit laisser à un système juste, rémunérant équitablement les producteurs de matières premières.

Les processus de régionalisation du Tiers Monde sont limités. En 1963, naît l'Organisation de l'unité africaine (OUA). Cette organisation sombre très vite dans la paralysie, par manque de moyens et d'objectifs. En fait les États africains ne sont unis que par leur attachement aux frontières : celles-ci, tracées par les colonisateurs, ne peuvent être qu'« artificielles » pour les ex-colonisés, mais, pour les hommes au pouvoir, c'est sur elles que repose leur légitimité. Toutefois, dans les années 1980, l'OUA se déchire justement sur une question territoriale : une faible majorité d'États membres de l'OUA vote pour l'accueil en son sein du Sahara ex-espagnol, qui s'est proclamé République arabe sahraouie démocratique (RASD) ; le Maroc, qui revendique ce territoire comme sien, se retire de l'organisation, suivi par 18 autres États.

Dans le Tiers Monde, des années 1950 aux années 1980, aucune des trois conditions susceptibles d'enclencher un processus de régionalisation ne se manifeste : ni puissance capable d'unifier, par la force ou la persuasion, un espace régional ; ni dynamique combinant croissance et multiplication des échanges et secrétant peu à peu des interdépendances, pouvant appeler une forme d'unité politique ; ni, enfin, « parrains » extérieurs suffisamment implantés et pressants pour amener telle ou telle zone à se rassembler.

II. – **Mondialisation et régionalisation à l'aube du XXIᵉ siècle**

Tout comme la mondialisation, la régionalisation constitue l'un des traits clés du tournant du siècle : il y a bien multiplication des constructions régionales en Europe, en Amérique, en Asie ; mais, derrière ce mouvement général, la diversité reste très grande, chaque processus de régionalisation étant façonné par les caractères, l'histoire, les conflits de la région concernée. Ce jeu mondialisation-régionalisation se manifeste essentiellement dans deux domaines : l'intégration économique ; la sécurité.

1. **L'intégration économique.** – Cette dynamique d'intégration régionale est amorcée, en 1985, avec la relance de la construction européenne (achèvement du marché unique, c'est-à-dire élimination de tous les obstacles subsistants aux échanges, au sein de la Communauté européenne d'ici à 1992). La démarche, qui sous-tend ce programme, est très significative : l'Europe occidentale prend du retard dans la course technico-économique

avec les États-Unis et le Japon (europessimisme) ; il faut réveiller l'Europe en intensifiant la concurrence entre ses entreprises, en supprimant tout ce qui les protège.

Ce raisonnement lie bien mondialisation et régionalisation : dans un monde emporté par d'énormes mutations (montée spectaculaire de l'Asie-Pacifique et, au-delà, durcissement, élargissement de la compétition internationale), l'édification d'un grand espace économique régional fournira aux économies, aux entreprises des États impliqués à la fois un stimulant, en avivant la concurrence, et un tremplin vers le marché mondial. La régionalisation est portée par la mondialisation.

En Amérique, se mettent en place l'Association de libre-échange nord-américaine (ALENA ou, selon son sigle américain, NAFTA), regroupant les États-Unis, le Canada et le Mexique (en vigueur depuis le 1er janvier 1994), le MERCOSUR, union douanière incomplète réunissant l'Argentine, le Brésil, le Paraguay et l'Uruguay (en vigueur depuis le 1er janvier 1995), et associant le Chili. Au-delà de ces réalisations, les États-Unis envisagent un ensemble plus vaste : une zone de libre-échange panaméricaine, allant de l'Alaska à la Terre de Feu (en 1990, *Initiative pour les Amériques* du président Bush ; en 1994, sommet de Miami fixant une échéance : 2005).

En Asie, l'Association des nations d'Asie du Sud-Est (ANASE ou, selon son sigle américain beaucoup plus connu, ASEAN), alors créée en 1967 (en pleine guerre américaine du Vietnam, pour faire face à la menace communiste), comprend Brunei, l'Indonésie, la Malaisie, les Philippines, Singapour, la Thaïlande, le Vietnam ; le Myanmar (ex-Birmanie), le Cambodge et le Laos sont appelés à rejoindre bientôt cette organisation. L'ambition de l'ANASE est de former une zone de libre-échange d'ici à 2008.

Un projet bien plus considérable concerne l'Asie-Pacifique : en 1994, le sommet de Bogor (Indonésie) arrête le principe d'une zone de libre-échange entre les États de l'APEC. L'APEC (selon son sigle américain) – ou CEAP (Coopération économique des pays de l'Asie et du Pacifique) – est une structure informelle regroupant 18 entités : les trois membres de l'ALENA plus le Chili ; les trois Chine (Chine, Hong-kong, Taiwan) ; les États de l'ANASE ; le Japon ; la Corée du Sud ; l'Australie ; la Nouvelle-Zélande ; enfin, la Papouasie - Nouvelle-Guinée – soit, en ces années 1990, la moitié du produit mondial brut et 40 % du commerce mondial.

Du point de vue de la mondialisation, cette régionalisation soulève une interrogation : ces espaces d'intégration, dans la mesure où ils se concrétisent, ont-ils vocation à se fondre dans un marché universel, rêve des libéraux, ou à se fermer sur eux-mêmes, à devenir des forteresses ?

Dans leur état actuel, ces ensembles sont ouverts. Par ailleurs, zones de libre-échange et unions douanières sont soumises à l'approbation du GATT (depuis le 1er janvier 1995 de l'Organisation mondiale du commerce – OMC), qui exige que ces dispositifs ne pénalisent pas les États tiers.

Plusieurs facteurs de fond s'opposent, semble-t-il, à cette logique de forteresse.

• Pour beaucoup de multinationales, ces marchés régionaux, aussi vastes soient-ils, sont déjà trop petits ; de plus, ces entreprises n'ignorent pas qu'en se bornant à un tel marché, même protégé, elles seront bientôt prisonnières, coupées des autres marchés, assiégées et bousculées par des concurrents plus mobiles, se servant sinon de la planète entière, au moins de plusieurs continents pour se déployer. D'où le développement des partenariats entre grandes zones d'échanges (par exemple, Union européenne - ASEAN, Union européenne - MERCOSUR).

• Les besoins des économies développées en matières premières, en produits et techniques de toutes sortes sont trop considérables et multiples pour qu'aucune pense les satisfaire tous en puisant dans une seule région. Les États-continents (États-Unis, Russie...), même si leur immensité peut leur donner une illusion d'auto-suffisance, ne pourraient revenir à une quasi-autarcie qu'au prix d'un rationnement et d'un appauvrissement massifs.

• La complexité, l'enchevêtrement des échanges font que toute protection peut être tournée. Dans les années 1980, les États-Unis et l'Europe occidentale obtiennent du Japon qu'il « autolimite » ses exportations d'automobiles ; le Japon s'adapte : il construit aux États-Unis et en Europe des usines de fabrication d'automobiles, qui sont d'autant plus souhaitées qu'elles créent des emplois.

La mondialisation et la régionalisation interagissent l'une sur l'autre en permanence. Mais alors que se passera-t-il si survient un krach comparable à celui de 1929 ? La dislocation du système mondial d'échanges ne conduirait-elle pas à un changement radical dans le rôle et la signification de ces espaces ? Ceux-ci, au lieu d'être des points d'appui vers le marché mondial, deviendraient des zones de repli, se fermant sur l'extérieur (ainsi, à la suite de la crise asiatique de 1997-1998, ébauche d'un régionalisme exclusivement asiatique, associant l'ASEAN, la Chine, le Japon et la Corée du Sud). L'idéologie libérale, qui inspire aujourd'hui ces espaces, laisserait la place à une idéologie d'exclusion, d'intervention, de discipline collective, les peuples s'y ralliant afin de tenter de sauver le reste de leur niveau de vie. Ce serait, sur une Terre radicalement différente, la reformulation de la problématique des années 1930.

2. **La sécurité.** – Tout système de sécurité est le produit d'un rapport toujours mouvant de forces. Ainsi, à l'issue de la Seconde Guerre mondiale, la Grande Alliance victorieuse et surtout, en son sein, le couple États-Unis - URSS sont-ils appelés à mettre sur pied le système de sécurité de l'après-guerre : ce sera, avec le Conseil de sécurité de l'ONU et ses membres permanents, la recréation, à l'échelle planétaire, du concert européen, dialogue permanent entre les plus grandes puissances pour garder la paix. Ce système ne voit pas le jour du fait du désaccord entre les deux grands vainqueurs, de l'antagonisme entre l'Occident et l'Union soviétique.

De la fin des années 1940 à la fin des années 1980, la sécurité mondiale est indissociable de cet antagonisme, de son emprise variable d'un continent à l'autre.

L'écroulement du camp communiste, la dissolution de l'URSS marquent la fin de l'équilibre Est-Ouest. Au tournant des années 1980-1990, l'ordre planétaire, qui n'a pas vu le jour en 1945, semble possible.

Dès le début des années 1990, la mécanique s'enraye : en Somalie, ravagée par la guerre civile, des soldats de l'ONU, en 1992-1995, sont envoyés sans mandat politique ferme et sont vite pris au piège des luttes locales ; à la même époque, un scénario analogue se déroule en ex-Yougoslavie. Le Conseil de sécurité, « gouvernement du monde », est en fait un lieu de rivalité, de dispute entre ses membres permanents.

Alors, régionalisation de la sécurité ? C'est ce qu'envisage, avec beaucoup de circonlocutions, *L'agenda pour la paix,* document de réflexion élaboré par le Secrétaire général des Nations Unies, en juin 1992 : « Ce qui est clair toutefois, c'est que les accords et organismes régionaux possèdent dans de nombreux cas un potentiel qui pourrait contribuer [à la] diplomatie préventive, [au] maintien de la paix, [au] rétablissement de la paix et [à la] consolidation de la paix après les conflits. »

Les problématiques régionales sont extrêmement diverses :

• En Europe, la fin du système Est-Ouest, l'éclatement des « prisons de peuples » (Yougoslavie, Union soviétique et aussi Tchécoslovaquie) entraînent une prolifération d'abcès liés à des siècles d'histoire : Bosnie-Herzégovine, Caucase... Les structures européennes se révèlent désarmées. L'Organisation sur la sécurité et la coopération en Europe (OSCE) non seulement est paralysée par la lourdeur de ses procédures (exigence – plus ou moins aménagée – du consensus, c'est-à-dire de l'absence de toute opposition, pour toute décision), mais encore n'a aucun moyen de contrainte. La Communauté européenne, d'une part, se divise en 1991 (la France et l'Angleterre voulant sauver l'unité de la Yougoslavie contre l'Allemagne convaincue qu'il faut laisser Slovènes, Croates... disposer d'eux-mêmes), et, d'autre part, n'a, elle non plus, aucune capacité militaire. En 1992, c'est au tour de l'ONU d'être mise à contribution avec la Force de protection des Nations Unies (FORPRONU). Mais l'organisation mondiale réussit à peine mieux que les institutions régionales ; les Casques bleus, soumis aux instructions désordonnées du Conseil de sécurité, sont pris entre les belligérants et, soldats de la paix, n'ont pas le droit de faire la guerre. Progressivement, en 1994-1995, entre en scène la structure, qui, elle, a la force : l'Organisation du traité de l'Atlantique-nord (OTAN), dominée par les États-Unis, et donc, si ces derniers en sont d'accord, pouvant mobiliser des troupes américaines (surveillance de la paix en Bosnie-Herzégovine – accords de Dayton, décembre 1995 –, puis au Kosovo). Finalement, le système européen de sécurité continue de s'organiser autour de la protection des États-Unis, même si s'esquisse une défense proprement européenne. L'Europe, laboratoire d'institutions depuis la fin de la Seconde Guerre mondiale, semble être porteuse d'une sécurité d'un type nouveau, dans lequel les États s'intègrent dans un réseau de plus en plus dense de règles les obligeant à négocier, à coopérer entre eux ; cependant les haines, les guerres sont toujours là.

• Au Moyen-Orient, dominé par des conflits non résolus (notamment le conflit israélo-palestino-arabe, engagé dans un processus incertain de règlement) et des rivalités non stabilisées (en particulier entre l'Iran, l'Irak et l'Arabie Saoudite pour le contrôle du golfe Persique), ce sont les États-Unis qui sont le gardien des équilibres de cette zone vitale, pour l'Occident, par sa richesse en pétrole.

• L'Asie-Pacifique d'aujourd'hui peut évoquer l'Europe des années 1815-1914 : des colosses, inquiets ou/et avides, s'observent (Chine, Japon, Inde, mais aussi Indonésie, Vietnam...) ; à la périphérie, deux autres géants sont, eux aussi, des parties prenantes décisives (la Russie et les États-Unis, ces derniers dominant le Pacifique et protégeant toujours le Japon). La sécurité de cette région repose sur des éléments en pleine évolution : le poids encore écrasant des États-Unis, la dépendance et la vulnérabilité du Japon, l'absorption de la Chine dans ses remous internes, la faiblesse de la Russie. Mais déjà la Chine commence de se montrer agressive, le Japon sent qu'il ne peut tout attendre de l'Amérique... C'est sur cet ensemble de puissances que repose l'édification d'un système asiatique de sécurité.

• L'Amérique latine, plus ou moins chasse gardée des États-Unis (doctrine de Monroe, 1823), parie, surtout avec le MERCOSUR, sur l'intégration économique comme voie de dépassement des antagonismes traditionnels et peut-être d'émancipation des États-Unis. Ceux-ci, en préconisant une zone de libre-échange panaméricaine, ne font d'une certaine manière que reformuler leur emprise sur le continent dans des termes acceptables pour un monde mondialisé, c'est-à-dire excluant les expressions impériales trop brutales et impliquant une égalité au moins apparente entre les États.

• L'Afrique est prisonnière de sa pauvreté, de ses luttes ethniques. Avec la crise des Grands Lacs, elle devient à son tour un continent de guerres interminables.

L'ONU rêve d'une articulation harmonieuse, hiérarchisée entre ordre mondial et ordres régionaux. En fait, le monde mondialisé se caractérise par l'hétérogénéité : à un extrême, des zones d'ordre à peu près organisé (par exemple, Europe occidentale et centrale) ; à l'autre extrême, des zones de désordre violent (par exemple, ex-Yougoslavie). Mais, entre ces deux extrêmes, les zones grises, mixtes sont les plus nombreuses ; espaces de guerre et de paix se touchent, s'entremêlent, s'influencent les uns les autres.

LA MONDIALISATION, UN SEUIL DANS L'HISTOIRE DE L'HUMANITÉ ?

La mondialisation représente-t-elle une rupture, un seuil dans l'histoire de l'humanité ?

Oui, dans la mesure où elle marque l'unité de l'espace terrestre. Mais quelle unité ? Notre planète est prise, tenue par un enchevêtrement de réseaux de plus en plus denses mais pénétrant de manière très inégale les différentes parties du monde. Cette unification de l'espace s'accompagne de celle du temps. De plus, la mondialisation concrétise la nécessité d'une gestion commune des grands problèmes de l'humanité : démographie, exploitation des ressources, risques majeurs, sécurité...

Non, dans la mesure où la mondialisation, si elle constitue une dimension supplémentaire, ne transforme pas l'homme. Les histoires particulières – individuelles, locales, nationales... – se poursuivent, remodelées, mais non pas supprimées, par la mondialisation. Les conflits de la mondialisation obéissent à des motifs très proches de ceux des affrontements traditionnels : contrôle des ressources, appropriation du pouvoir, choix idéologiques...

La mondialisation paraît offrir à l'humanité deux voies extrêmes.

Soit la mondialisation donne aux hommes le sentiment d'être enfermés dans une prison, la Terre. Un tel sentiment ne pourrait qu'exaspérer les peurs, les frustrations, les guerres, l'homme se sentant privé de toute liberté, de tout infini. Bientôt, comme lors d'autres époques tragiques, s'installerait un climat de fin du monde, se diffuseraient des religions apocalyptiques.

Soit la mondialisation accouche de la conscience de l'unité de l'humanité. Pour paraphraser la formule de Marx, l'humanité sortirait de la préhistoire, des luttes intestines, pour entrer dans l'histoire. Alors s'organiserait un gouvernement commun de la Terre. Mais l'homme, peut-être réconcilié avec lui-même, sera-t-il plus libre, plus heureux ?

BIBLIOGRAPHIE

Badré B., Chalmin P., Tissot N. (1998), *La mondialisation a-t-elle une âme ?,* Paris, Economica.

Badie B. (1999), *Un monde sans souveraineté*, Paris, Fayard.

Cohen E. (2001), *L'ordre économique mondial, essai sur les autorités de régulation,* Paris, Fayard.

Delmas-Marty M. (1998), *Trois défis pour un droit mondial*, Paris, Le Seuil.

Dollfus O. (1997), *La mondialisation*, Paris, Presses de Sciences Po.

Gerbet P. (1996), *Le rêve d'un ordre mondial, de la SDN à l'ONU*, Paris, Imprimerie nationale.

Hobsbawn E. J. (1994), *Age of Extremes. The Short Twentieth Century (1914-1991)*, Londres, Michael Joseph.

Huntington S. (1996), *Le choc des civilisations*, trad. franç., Paris, Odile Jacob, 1997.

Laïdi Z. (1997), *Malaise dans la mondialisation*, Paris, Textuel.

Lafay G. (1996), *Comprendre la mondialisation*, Paris, Economica.

Latouche S. (1992), *L'occidentalisation du monde*, Paris, Agalma/La Découverte.

Mattelart A. (1999), *Histoire de l'utopie planétaire, de la cité prophétique à la société globale*, Paris, La Découverte.

Moreau Defarges P. (2000), *L'ordre mondial*, Paris, Armand Colin.

– (2000), *La communauté internationale*, Paris, PUF, « Que sais-je ? », n° 3549.

– (2000), *Un monde d'ingérences*, Paris, Presses de Sciences Po.

Mucchielli J. L. (1998), *Multinationales et mondialisation*, Paris, Le Seuil.

Ohmae K. (1996), *De l'État-nation aux États-régions, Comprendre la logique planétaire pour conquérir les marchés régionaux*, Paris, Dunod.

Porter M. (1993), *L'avantage concurrentiel des nations*, Paris, InterÉditions.

Reich R. (1993), *L'économie mondialisée*, Paris, Dunod.

Shayergan D. (1991), *Qu'est-ce qu'une révolution religieuse ?,* Paris, Albin Michel.

Thual F. (1995), *Les conflits identitaires*, Paris, IRIS-Ellipses.

Veltz P. (1996), *Mondialisation, villes et territoires, l'économie d'archipel*, Paris, PUF.

Mondialisation et gouvernance, *Cahiers français,* n° 2611-2612, 7-14 avril 1999, Paris, La Documentation française.

TABLE DES MATIÈRES

Imprimé en France
Imprimerie des Presses Universitaires de France
73, avenue Ronsard, 41100 Vendôme
Février 2002 — N° 48 892